元気が出る
朝礼
話のネタ帳

本郷 陽二 著

アニモ出版

はじめに

朝礼はなんのために行うのか、みなさん、しっかり考えていますか。

一日のスタートを意識させて仕事のスイッチをオンにする、メンバー間のコミュニケーションを円滑にする、仕事の意識・意欲を高める、予定や連絡事項を共有する、行動目標を明確にして一人ひとりのやる気を引き出すなど、いろいろな目的があります。

つまり、朝礼は仕事の効率を上げ、組織力をアップさせるには欠かせない、大切なものなのです。ここで何を話すかによって、その日一日の職場の雰囲気を左右するといっても過言ではありません。

だからこそ、叱咤激励や説教に終始したり、受け売りのうんちくを披露する場になってはいけません。朝礼後に「今日も一日頑張るぞ！」と、職場の一人ひとりが思えることがもっとも重要なのです。

本書には「元気が出る朝礼」「気持ちが前向きになる朝礼」をテーマに、さまざまな話のネタを集めました。そのまま話材としても使えますし、自分なりにアレンジして話すのもいいでしょう。新入社員からベテランまで広く活用してもらえることと思います。

２０１７年４月

本郷陽二

元気が出る朝礼　話のネタ帳――目次

1章

やる気が出て、元気になる話

2章

「なるほどね」と感心される話

3章　自己研鑽、意識向上につながる話

5章
覚えておくと得する話

◆「早起きは三文の徳」を体感しましょう　146
◆禅の心に学ぶ「調身・調息・調心」　147
◆右脳と左脳をバランスよく鍛えよう　148
◆本当のエキスパートとは　149
◆失敗しても、そこからどう発展させるかが大事　150
◆ピンチをどうとらえるか　151
◆二つのことを同時に進行させる利点　152
◆可能性を見る目を養おう　153
◆世界最短のプレゼンに学ぼう　154

6章 経営の先達の名言に学ぶ

7章

アスリートに学ぶ、いい話のネタ

8章 ドラマとアニメに学ぶ、話の引き出し

カバーデザイン◎水野敬一
本文ＤＴＰ◎一企画
編集協力◎松島恵利子／友楽社

1章

やる気が出て、元気になる話

一年の計は元旦にあり。一日の計は朝にあり。一日のスタートを切る朝礼では、社員のやる気を大いに高めたいもの。

話をするときは、できるかぎり、そこにいる一人ひとりの目を見ましょう。一方向だけを向いて話していると、「なんだか、いろいろ話してるけど関心ないよ」と、心が離れてしまう人が出てきます。

しかし、顔の向きを変え、「あなたがた一人ひとりに語りかけているんですよ」という気持ちを持って話せば、必ずその場にいる人の心に届く話ができます。

いつもよりワントーン声を張って、元気に話しましょう。

001

「すぐやります」、その一言の気持ち良さ

春になると、フレッシュマンの姿をあちこちで見かけます。まだスーツ姿が板についておらず、仕事も不慣れで危なっかしく感じるものですが、懸命に頑張る姿からは、私たちも学ぶところがあるのではないでしょうか。

先日、取引先に行ったときのことです。新入社員とおぼしき男性に、あることを頼みました。すると、「はい、すぐにやります！」と答えてくれたのです。

正しい言葉づかいなら、「承知しました。早速いたします」になるのかもしれませんが、「はい！」という歯切れの良い返事と、「すぐにやります」という、意欲的な姿勢はとても気持ち良いものでした。そして、「自分もかつてはこんなふうにやる気に溢れていたんだなぁ」と思い、「今の自分はどうだろう。彼のように真摯《しんし》な姿勢で全力投球しているだろうか」と考えてしまいました。

ビジネスシーン以外でも、懸命に頑張る姿は人の心を動かすものです。初心を忘れず、「一生懸命働く」を大切に、今日も一日、仕事を頑張りましょう。

002

寒さが厳しいと甘くなる大根のように

日本人がもっとも多く食べている野菜はなんだか、ご存知ですか。実は大根なのです。２０１５年、厚生労働省が発表したランキングでは、１位が大根、２位がタマネギ、３位がキャベツだそうです。

ちょっと意外な気もしますが、大根おろしや漬物、煮物、サラダなどにも大活躍ですから、大根がたくさん消費されているとしても不思議ではありません。

さて、そんな大根ですが、寒さが厳しいほど甘みを増します。大根は水分を多く含んでいるので、寒いと凍って細胞が壊れてしまうため、自衛手段として体内のでんぷんを糖質に変えるのです。糖質を含んだ水は零度でも凍りません。だから、寒ければ寒いほど大根は甘くておいしくなるのです。

そんな新聞記事を読みつつ、「人間も同じだなぁ」と思いました。苦境に立つことが多かった人は、そこで切り抜ける知恵を身につけたり、じっと耐える忍耐力を培《つちか》っていて、人間として、またビジネスマンとしてたいへん魅力的になるからです。

もし、現状がとてもつらいという人は、甘い大根に勇気をもらいたいですね。

003

「小さな一歩」を大切にしたい

みなさんは「ベイビーステップ」という言葉をご存知ですか。直訳すれば、赤ちゃんの歩み。つまり、よちよち歩きという意味です。赤ちゃんと仕事、まったく無関係に見えますが、ベイビーステップはビジネスに大切なことを教えてくれます。

たとえば、それまで達成したこともない売上げを目標に掲げるとします。そのとき、一気にそれを達成するのは無理なので、あれこれ考えるでしょう。しかし、高い目標であればあるほど、それを達成するためのアイデアなど浮かぶはずもありません。そこでたいていの人は「やっぱりこの目標は無理だったか」と挫折してしまいます。

しかし、どんな目標も頭の中で考えて達成できるものなど一つもないでしょう。まずは行動する。それが、たとえよちよち歩きのような小さな一歩だとしてもです。

顧客情報や過去のデータを見直す。お客様に出すハガキの文面を考える。アイデアを拾いに図書館に行く……。どんな小さな一歩でも考えているだけ、確実にゴールに近づいているのです。「千里の道も一歩から」ということわざもあります。

小さな一歩をバカにせず、コツコツと努力しましょう。

004

トップアスリートが、違うスポーツを練習に取り入れる理由

トップアスリートは、あえて別のスポーツを練習に取り入れるといいます。

たとえば、陸上選手が器械体操をやったり、テニス選手が水泳をやったり。それは、ジャンルが違えば鍛えられる筋肉も異なり、バランスの良い体を作るのにとても効果があるからだそうです。

私たちの仕事も同じで、ビジネススキルを上げようとする際に、経営者の書いた本を読んだり、セミナーに通ったりしますが、そうしたことだけでなく、まったく違ったことにチャレンジするのもいいかもしれません。

最近、茶道を社員研修に積極的に取り入れる企業が増えているそうです。茶道とビジネスなど対極にあるように感じますが、茶道には「礼を尽くす心」「気くばり」「感謝の気持ち」が凝縮されているため、社会人として学ぶところが多いというのです。

ダンスや演劇で表現力を培う、美術や芸術にふれて感性を磨くなど、意識をもって取り組めば、どんなこともビジネスに生かされるはずです。仕事に追われるだけでなく、そうしたチャレンジにも時間を使いたいですね。

005

リフレッシュミーティングで気分転換を

学生時代、学期明けに席替えがありましたね。誰ととなりになるか、好きな子が見える席かどうかなど、ワクワクドキドキの経験は誰にでもあると思います。

そして、席替えをすると、いつもと同じ授業でもなんだか新鮮に思えた記憶はないでしょうか。黒板の見える位置が変わるだけで、気持ちがリフレッシュされるからかもしれません。

これは、社内ミーティングでも同じことがいえます。ミーティングの顔ぶれは変わらなくても、たとえば、オープンスペースにお弁当を持ってきてランチミーティングにしたり、思い切って近くの公園に行ってベンチでミーティングをしたり、あるいは、歩きながらミーティングなんていうのも、ありかもしれません。

とくに、狭い空間から抜け出して広々とした場所で話をすると、なんとなく意見を言いやすくなるから不思議なものです。

部内ミーティングがマンネリ化して困ったという場合は、ぜひ、リフレッシュミーティングに挑戦してみてください。

006

つらい現状を打ち破る強さを持つ

「となりの芝生は青い」という、他人のものはなんでもよく見えるというたとえがあります。たとえば、書類の作成がはかどらないとき、同僚がやっている仕事のほうが楽そうだ、と思ったことはありませんか。また、取引相手とうまくいかなかったとき、後輩が担当している取引のほうが、なんの苦労もなさそうだと思ったりしませんか。

しかしそれは、つらい状況からの逃避にすぎません。

たしかに、自分が好きな仕事や気の合いやすい人がいるでしょう。しかし、会社に勤めている以上、たくさんの仕事があり、多くの人と関わっていかなければなりません。そのどれを担当したいか、好きなものを選べないのは、みんな同じ。誰しも同じように、悩みを抱えながら働いているのです。

現状を嘆くよりも、今のつらさを乗り越えられなければ、どんな仕事を与えられても同じこと。大変なのはみんな同じなのだという認識のもとに、現状を突破していく強さを持つことが大切です。その姿勢こそが、ツキを呼び込みます。与えられる幸せを待つのではなく、自ら創り出していきましょう。

007

積極的にまわりにアドバイスを求める

「傍目《おかめ》八目《はちもく》」とは、他の人がやっている囲碁をそばで見ていると、対局に熱中している当人たちよりも盤上が多面的、全体的に見えるため、よりよく手が読めること。転じて、第三者には、当事者以上に物事の良し悪しや、有利か不利かがわかることを意味します。

　裏を返せば、自分では自分自身のことがよくわからないため、他の人に聞いて教えてもらいなさいということです。

　たとえば一つの仕事に熱中していると、ときにまわりが見えなくなってしまいます。ほかに仕事があっても、うまく優先順位を決められなかったり、ミスがあっても気づかずにそのまま進めてしまっているかもしれません。

　やり甲斐がある仕事や急ぎの仕事ほど、「報告・連絡・相談」（ホウ・レン・ソウ）が欠かせません。仕事を進めていくスケジュールを立てたら、上司に計画を報告したり、ある程度、きりがよいところで確認をしてもらうのもいいでしょう。そうすれば問題があっても、そこで軌道修正ができます。自分から積極的にアドバイスをもらいに行きましょう。

008

日々のコツコツとした準備が達成感につながる

富士山といえば、日本の代表的な名峰です。人生一度はその山頂から、ご来光を拝みたいと考えている人もいるでしょう。しかし、「思い立ったが吉日」とばかりに行くには、少々無理があります。なぜなら、富士山は標高３７００メートルを超える山。ジムに通ったり、ウォーキングを習慣にしている人でもないかぎり、容易には登りきれません。

裏を返せば、毎日コツコツ運動して、体力や筋力をつけていればいいわけです。

そして準備が整ったら、いきなり富士山に挑むのではなく、まずはもう少し低めの山で、自分の力が通用するかどうか試すことも大切です。

「人生山あり谷あり」とも言いますが、これは仕事への取り組み方にも共通しています。大きなプロジェクトに挑むには、日々コツコツと積み重ねてきた努力と経験が欠かせません。資料を扱う集中力や仲間とのコミュニケーション力。途中でへばったら大変ですから、体力だって必要でしょう。それだけ備えていても、長く苦しい道のりに思えるかもしれません。

しかしだからこそ、やり遂げたときには達成感と自信が得られるのです。

009

拒否しなければ、いつかは報われる日がくる

学生時代、好きな科目はなんでしたか。また、嫌いな科目はありましたか。思い浮かぶ教科が誰しもあると思います。そして、好きな科目のほうが、勉強がはかどったのではないでしょうか。きっと成績も良かったでしょう。

それは仕事も同じこと。

好きな仕事なら楽しく、しかも早く、そしてより成果をあげられるでしょう。

反対に嫌な仕事は、はかどらないのでなかなか終わらず、さらには大した成果も出せないために、また嫌になる。負のスパイラルに陥るというわけです。

突然嫌いなものを好きにはなれないでしょうが、まずは「嫌い」という強い拒否の感情から、「苦手」「得意ではない」など、表現をやわらげることから始めてみましょう。

得意ではないものも繰り返し行えば、いつの間にかできるようになっていたりします。不得意だから時間がかかるのは仕方がないと割り切り、気長に取り組んでみましょう。

もとは嫌いだったものが、当たり前にできるようになり、もしかしたら知らぬ間に、好きになっているかもしれませんね。

010

実現したいことを書き出して現実的に考えてみる

突然ですが、明日会社で、あなたにとって「良いこと」が起こります。それはなんでしょうか。今、思い浮かんだことを紙に書いてみてください。

きっとみなさん、内容が違うでしょう。たとえば「余裕で定時に退社できる」「上司にほめられる」「プロジェクトリーダーをまかされる」「顧客から色よい返事が来る」……。

それでは、その書いたことが、どうしたら明日起こるか考えてみてください。もしかしたら計画を立てて、そのとおりに過ごせば、実現できるのではないでしょうか。

明日の分の仕事を今日のうちに整理しておけば、明日は今日よりもっと順調に進むでしょう。そして今日の仕事ぶりが、明日の上司や顧客からの評価にもつながります。

「良いこと」を考えると、気分も晴れやかになりませんか。そして、目に見える形で書き出し、「できること」を考えると、より現実味を帯びてくるのがわかるでしょう。

ところでみなさん、紙とペンは持っていますか。

アイデアがわく瞬間や上司からの指示は、いつあるかわかりません。より良い未来を作るためにも、メモをとる準備は、いつでもしておくように心がけましょう。

011

目標に向けて「いつまで」という計画を立てましょう

みなさんは、テトリスというゲームをやったことがありますか。落ちてくるブロックを隙間なく組み合わせて消していくのがルールで、上まで積み上がってしまったら、ゲームオーバーとなります。このゲーム、なんとなく仕事の状況にも似ていませんか。

ブロックを仕事だとイメージしてみてください。上から与えられた仕事をこなしていると、また仕事が降ってきます。うまく計画を立てなければ予定が狂い、隙間ができた分のロスが生じてしまいます。そして、締め切りに間に合わせられなければ、ゲームオーバーというわけです。

ブロックの向きや位置を変えるように、仕事もやり方を工夫して、片づけていかなければなりません。

まず、どれをいつまでに片づけるか、目標を定めて計画的に行いましょう。

だんどりに時間を取られるのを嫌う人もいますが、無計画に突っ走るより、きちんと予定を立てたほうが、結果的に仕事はスムーズに進みます。きっと慣れたら、まわりからの信頼と高評価という、素晴らしいスコアが得られるでしょう。

012

人と一緒に練習すると、グンと上達する

カラオケ、英会話、そして会議でのプレゼン。この三つに共通する点はなんだと思いますか。それはズバリ、人と一緒に練習すると、グンと上達するということです。

音痴な人や英会話ができない人は、恥ずかしがって人前でやらないのが原因だと、よく言われています。しかし、その恥ずかしいという気持ちこそが、上達へのエネルギーにつながるのです。それにもしかしたら、自分がダメだと思っていた部分が、意外と良いと言ってもらえるかもしれません。

自分の魅力は、自分自身ではなかなか気がつかないものです。そうした魅力を人から言ってもらえると、自信につながります。たとえば、プレゼンのとき、緊張してすらすら説明ができないと思っていた人でも、他人から見ると「いつもゆっくり話すから聴き取りやすい」と思われているかもしれません。それを知ることができたら、今のままの自分で、堂々とプレゼンができるようになるでしょう。

自信がつくと、苦手なことも自然と得意なものに変わっていきます。そうした自信を引き出し合える仲間とする練習こそ、成長への一番の近道なのです。

013

真似することで成長できる

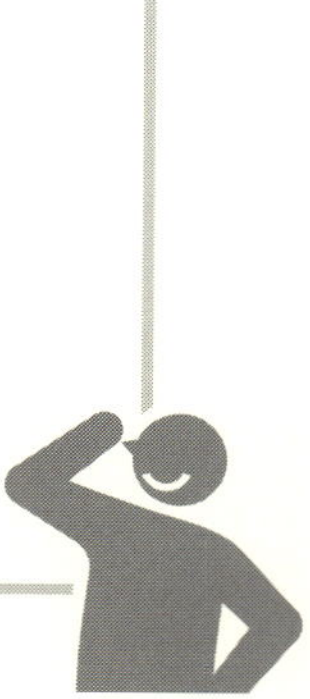

みなさんには、あこがれの先輩や上司がいますか。また、取引先の方で「こんなふうになれたらいいな」と思う人はいないでしょうか。もし、あこがれの人に近づきたいと思うなら、真似することから始めましょう。

日本では「人真似」「猿真似」など、真似という行為に対してネガティブな印象を持っていますが、真似は決して悪いことではありません。なぜなら、赤ちゃんはまわりの人を真似することで成長しますし、英会話も書道も手本を真似することで上達します。真似は一つの学習の形なのです。

そして、真似をする場合は、よく相手を観察しましょう。たとえば、その人が明るい雰囲気を持っているとしたら、声のトーンはどうだろう、表情はどうだろう、相手の話を聞くときはどんな相づちを打っているだろう、といった具合です。

そのなかで、自分ができそうなことをチョイスして真似していけば、あこがれの人に一歩近づけること、間違いないでしょう。真似を重ねると、次第に自分のものに変化します。真似は成長のもとと考えましょう。

014

失敗をポジティブな感情に切り替える

仕事の失敗から日常の些細なミスまで、すんだことをいつまでも引きずっていませんか。反省も大切ですが、それで仕事が手につかなかったり、生活に支障が出るようでは本末転倒です。

たとえば、ミスを人に笑われたとき。恥ずかしいと落ち込んだり、自分のふがいなさを責めるのではなく、場をなごませることができてよかった、面白かったと、ポジティブに考えてみましょう。今回かぎりのおいしい役まわりだったと気持ちを納得させてしまえば、時間とともに自然と恥ずかしさも記憶も薄らいでいくはずです。

そして、笑ってもらえないようなミスをしてしまったときには、「失敗は成功の母」という有名なことわざを思い出しましょう。

失敗の原因はなんだったか。同じ失敗を繰り返さないためには、どうしたらいいか。反省することも含めて、次へのステップアップに必要だったのだと、ポジティブに考えて行動してみましょう。そうすれば、きっと同じ失敗は起こらず、次なる成功につなげられるはずです。

015

仕事を楽しむことが成長につながる

みなさんは、つまらない、やりたくないと思いながら仕事をしていませんか。しかし実は、そのつまらないという気持ちこそが、仕事をつまらなくさせている原因かもしれません。

たとえば英語を学ぶとき、単語や文法を黙々と覚えるのはつまらないかもしれませんが、好きな外国の映画や本を使うと、自然と楽しく覚えられるものです。そして、楽しんで打ち込んでいるうちに、自然と上達できているものです。

仕事も同じで、嫌だ、やりたくないと思っていると、いつまでも終わりませんし、成長できないため、まわりから評価されず、やりがいが感じられません。そのため、さらに仕事がつまらなくなるという悪循環。しかし、仕事が楽しければどうでしょうか。自然と打ち込めるため、成長できます。まわりから評価されることで自信もつき、さらに楽しくなるという好循環ができあがります。

仕事を楽しめるかどうかは自分次第。逃げても結局やらなければならないなら、初めから楽しんでやろうという心意気で、自分から飛び込んでみましょう。

016

すぐやるクセをつければ、仕事がはかどる

「思い立ったが吉日」というように、何か物事をしようと思ったら、その日を吉日として、すぐに着手するのがいいと言われています。

それは仕事でも同じです。たとえば、上司に確認をとりたいことがあれば、すぐに確認する。連絡をする必要が生じたら、即電話する。いつかはやらなければならないのなら、面倒くさがらずに今すぐやりましょう。

先延ばしにすると、いつの間にか仕事がたまって、身動きがとれなくなってしまいます。要領が悪くて仕事ができない人の、典型的なパターンです。下手をすると、やらないまま忘れてしまい、大目玉を食いかねません。

もし先にやるべき仕事があり、すぐにできないのなら、せめてメモをとりましょう。そして時間ができたら、すぐに取りかかりましょう。

どんな作業も、やりたい、やりたくないで判断せず、今やるべきことをすぐにやるクセをつけると、仕事を要領よくこなしていけるようになります。すると、気持ちにも余裕ができて、さらに仕事がはかどるでしょう。

017

相手の期待以上の働きをするということ

仕事で信頼を得るためにもっとも大切なのは、約束を守ることです。具体的には、指示されたことはきちんとやり遂げる、締め切りや納期は守る。そうしたごく当たり前の基本が、もっとも大切です。

だからこそ、この基本にプラスの要素があると、相手は感動し、さらに信頼を得られるというわけです。では、どうやって相手の期待以上の働きをすればいいのでしょう。

私の場合は、自分の中で締め切りを前倒しにするというやり方をしています。

たとえば、「来週の水曜日の昼まで」という締め切りがあるとすれば、「来週の月曜日の夕方までに仕上げる」を自分に課すのです。

早めに提出すれば、相手も安心感がありますし、もし手直しが必要でも時間に余裕がありますから、本当の締め切りまでにもう一度やり直せます。

ギリギリに出せばそれきりですが、前もって提出することで、よりいっそう良いものにするチャンスを作れるのです。もちろん、早かろう悪かろうではいけませんが、時間に余裕を持つことは、自分にも相手にも良い効果があるのです。

018

今必要なこと以外は忘れて効率アップを

みなさんは今日一日、何をやるか覚えていますか。たとえば、朝イチで資料を確認して、取引先に電話をして、外出して商談をして、会社に戻ってきたら、お礼と確認のメールをして、それから……。もしかしたら、取引相手の電話番号さえ暗記している人もいるかもしれません。

すべて一度、スッパリ忘れてしまいませんか。

予定を立てるのは大切ですが、実は、それをすべて覚えておく必要はないのです。一日にこなせる予定はいくつもあるのに、それをすべて「やらなければ」と思うと、負担になってしまいます。そして、覚えていたとおりにこなそうと思うと、忘れることにおびえるあまり、融通もきかなくなってしまうでしょう。

電話番号やメールアドレスなら名刺を見ればわかるはず。一日のスケジュールは、予定を立てた段階でメモをとっておけば、次に何をやるか確認できます。

プレッシャーと戦いながら覚えているよりも、必要なときに思い出せるものを用意しておいたほうが、ずっと効率的なのです。

019

自己嫌悪はやめて、ポジティブに進みましょう

仕事を頼まれても、あれこれ考えてしまって、すぐに取りかかれない。そんな悩みを抱いている人はいませんか。同僚は仕事をまかされた次の瞬間には、もう計画を立てているのに自分ときたら……と人と比べて、自分を責めていませんか。

しかし、どれだけ自己嫌悪に陥っても「すぐに動けない自分」は変わりません。それどころか、ネガティブ思考に縛られて、ますます身動きが取れなくなります。

やりたいと思わなければ、どうしても二の足を踏んでしまうものです。しかし、「やらなきゃ」と思う心こそ、すでに一歩を踏み出せている証《あかし》なのです。

だからこそ、すぐにできない自分を受け入れてあげましょう。そしてそのうえで、もっと素晴らしい自分になろうと、前向きに考えてみてください。

「仕事にすぐ取りかかる人は素敵だから、それができたら、もっと素敵な自分になれる」とポジティブなイメージを持ちましょう。

すぐにやったら良いことがあると思えれば、やる前からあれこれ心配する必要もなくなるでしょう。そして、もう一歩を踏み出せば、もっと自分が好きになるはずです。

020

「なりたい自分」を具体的にイメージして書き出してみる

みなさんには、「こんな自分になりたい」という理想がありますか。その理想に近づくため、具体的に「こうなりたい」と思うことを書き出してみてください。漠然と、スキルアップしたい、もっと幸せいっぱいに生きたいと思っていても、どういう努力をしたらいいかわかりません。もう少し、具体的に掘り下げて考えてみましょう。

たとえば、今やるべき仕事にすぐ取りかかる。締め切りの一日前を目標にして提出する。確実にその日にできる仕事を終わらせて、晴れやかな気持ちで退社する。スケジュール管理を徹底する。一年以内に資格試験に合格する……。

書くほどに、次から次へと書きたいことが増えていきませんか。そして、書き出す前よりも、理想に近づくために何をやったらいいかが、具体的に見えてきたのではないでしょうか。もし思いつかなかったり、忙しくて書き出す時間がないという人も、一日一つ、思いついたときに書くだけでも充分効果があります。

そして書き出した紙は、いつも目に入る場所に貼っておきましょう。理想の姿を具体的に思い浮かべるうちに、自然とそのための行動ができるはずです。

021

過去の自分よりも、成長した自分を信じましょう

私が新人のころ、商談に失敗して落ち込んでいると、先輩がケンタッキー・フライドチキンをおごってくれました。みなさんは、創業者のカーネル・サンダース氏が、レシピの売り込みを千回以上失敗したのを知っていますか。それだけ断られても、めげずに工夫を凝《こ》らして営業を続けた結果、いまや世界規模で愛されているのです。

しかし先輩は、「カーネル・サンダース氏を見習って、千回失敗しても挑め」と私を叱ったわけではありません。前向きであることの大切さを教えてくれようとしたのです。

商談に失敗した過去の自分が知らなかった、どういうトークをしたら失敗するのかという知識を今は持っている。だから、次はきっと成功する。そう励ましてくれました。そして、カーネル・サンダース氏だって、成功する自分を信じていなければ、千回もチャレンジはしなかっただろうと言われて、なるほどと思ったのです。

過去の自分とは違う、成長した自分を信じようと考えたら、次は成功するような気がしてきました。そのとき知ったポジティブさこそが私の原動力です。みなさんもプラス思考を忘れないでください。

022

「ダメでもともと」の精神でどんどんチャレンジを

たとえば、突然大きなプロジェクトをまかされたとき、みなさんならどうしますか。

自信満々で「はい、喜んで」と即座に答えられるならいいのですが、「自分には荷が重いから断ろうか。でも、せっかく信頼してまかせてくれたんだし」と、悩んでしまう人もいるでしょう。しかし、その悩んでいる時間がもったいない。こうしたときは「ダメでもともと」と思って引き受けましょう。

ダメでも、やらなくても失望されると考えると八方ふさがりですが、つまりは、やってもやらなくても同じということ。それなら、信頼に対して、引き受けることで誠意を示すほうがいいでしょう。それで成功できたなら、ラッキーというわけです。

ポジティブな気持ちで力を尽くせば、案外成功するもの。そしてダメでも、何もやらなかったときと評価は変わらないのだから、落ち込む必要はありません。

しかも、失敗しても成功しても、チャレンジした分の経験が必ずプラスされているのですから、動いた分だけたしかに得るものはあったわけです。

ダメもと精神で挑めば、いいことずくめ。どんどんチャレンジしていきましょう。

023

不安も悩みも、あって当然と受け止める

「宝あれば恐れあり、貧しければ嘆き切なり」とは、「方丈記」で有名な鎌倉初期の歌人であり随筆家、鴨長明の言葉です。お金があれば、盗まれたり火事や天災で失う不安があり、反対に、貧乏であっても、生活の苦しさから先々への不安が尽きません。つまり、どんな状況でも不安はつきまとうものであり、誰しも悩みを抱えているというわけです。

だからこそ、不安だからやらないという考え方は卒業しなければなりません。

たとえば、新しいことにチャレンジするときには「失敗したらどうしよう」という不安がつきものでしょう。「失敗したら、上司に怒られるかもしれない」「成功しても、同僚に妬《ねた》まれたらどうしよう」「途中で交代させられたらどうしよう」……。

次から次へと不安はわいてくるかもしれませんが、先のことまで考えても仕方がありません。そして、不安になるのは当然だと思えば、何も特別なことに挑むわけではないのだとわかるでしょう。

まずはその不安を当然のこととして受け止め、一歩を踏み出していきましょう。

024

チャンスだと思ったら、すぐ手を伸ばしましょう

「明日ありと思う心の仇桜《あだざくら》」ということわざを知っていますか。浄土真宗の開祖である親鸞が詠んだ句で、「夜半に嵐の吹かぬものかは」と続きます。美しく咲き誇っている桜も、夜に強い風が吹いて散ってしまうかもしれません。そうした世の無常さや、人生のはかなさを意味すると同時に、今日という日の大切さも教えてくれます。

たとえば、取引相手が今日、商談をしたいと連絡をしてきたとしましょう。電話で話していても好感触で、商談成立は間違いないと思えます。しかし、突然のことで何も準備ができていないため、明日ならばと約束して電話を切ります。

もしかしたら、電話で予測していたとおり、次の日でも商談は成立するかもしれません。しかし、その前に他社がもっと良い条件で取引先に商談を持ちかけていたらどうでしょう。乗り気だった取引先も、条件が良いほうに決めてしまうはずです。

チャンスだと思ったら、すぐに動くことが大切です。そのための準備をいつでもしておきましょう。チャンスをつかめるかは心がけ次第。そして、絶対にチャンスをものにするという強い思いが、チャンスを引き寄せるのです。

025

挑戦しなければ、なにごとも始まらない

新しいことを始めるとき、成功を夢見てわくわくすると同時に、「もし失敗したらどうしよう」という不安が生まれ、一歩を踏み出す勇気をそがれてしまうことがあります。考えているうちに、「失敗の危険性があるのなら、その危険性をいかに小さくするかが大切だ」と、言い訳のようなことばかり頭に浮かんで、気持ちはどんどん後ろ向きに。

もちろん、なんの根拠もない、何も計画性のないことをやみくもに挑戦しろとは言いませんが、１００パーセント成功する挑戦などありません。そもそも、１００パーセントの成功が約束されたことを、挑戦とは呼ばないでしょう。

そんなチャレンジについて、元大リーガーの野茂英雄氏は次のように語っています。

「挑戦すれば、成功も失敗もあります。でも挑戦せずして成功はありません。何度も言いますが、挑戦しないことには始まらないんです」

野茂氏は大リーグに入るとき、それまで１億円を軽く超える年棒でしたが、ドジャースに入ったばかりのときの年収は10分の１以下。しかし、挑戦をあきらめなかったおかげで、あこがれの大リーグで13年間も活躍できたのです。

026

「耳学問」で情報を取り入れることも大切な勉強

同じ会社に勤めていると、当然のことながら、同じような仕事を毎日続けていくようになります。するとだんだんインプットが不足して、若いころの創造力やバイタリティがなくなっていくような不安に襲われるかもしれません。かといって仕事を終えてから、専門書を読んだり資格試験のテキストに向かうのも大変です。

そこでオススメしたいのが「耳学問」です。

耳学問とは、自分のまわりにいる人たちの話を聞いて、知識を自分のものにすることです。「ただの受け売りじゃないか」と思う人もいるかもしれませんが、これも立派な勉強方法の一つ。一個人では、情報の収集量には限界があります。しかし、耳学問なら何人分もの知恵を、人とのコミュニケーションの中で吸収することができるのです。

大切なのは、他人に学ぶ心です。忙しいことを理由に勉強する暇がないという人は、たとえ時間ができたからといって、勉強をしないでしょう。そうした人たちは学ぶ心のなさを、仕事を口実にして、ごまかしているだけなのです。

情報が氾濫する時代だからこそ、人の輪の中で情報を収集し、学ぶことは大切です。

027

ライバルとともに成長していきましょう

みなさんにはライバルがいますか。それは同期かもしれませんし、先輩や後輩かもしれません。いずれにせよ、良いライバルとは、良い目標でもあります。

たとえば、同期とほぼ同時に仕事をまかされたとき、絶対にあいつより早く終わらせてやると思ったら、いつもより早く仕事が進むはずです。それも、クオリティが伴わなければ負けるという意識があるものですから、もっと良いものをという意欲がわきます。

お互いにライバルとして認めあっていると、相乗効果でより良く、早く仕事が進むでしょう。

そうした環境はライバルがいない環境よりも、よっぽど厳しいものです。しかし、一人でのんびり進むよりも、やり甲斐を感じられるでしょう。そしてライバルの存在こそが、実力以上の力を引き出し、成長を促してくれるのです。

競いあえる人がいないという人は、「時間」をライバルと考えてみましょう。「時間との勝負」とは、よく使われる言葉です。時間に打ち勝てるように挑むと、モチベーションが上がるでしょう。

2章

「なるほどね」と感心される話

朝礼は、社員のモチベーションや団結力を高めるのにピッタリの場です。とはいえ、「頑張れ！」「負けるな！」と叱咤激励されるだけでは社員も疲れてしまうでしょう。

話をする以上、聞いていて楽しいという要素も必要なのです。なかでも、「なるほどね」と感心したり、思わず人に話したくなるようなネタはつねに持っていたいものです。

こうした話のネタは、お客様とのコミュニケーションをとる際に役に立ちますので、ときにユーモラスに、ときにしっとりと話してみましょう。

028

大きな成功は小さな積み重ねから

仕事で大きな成功を収めるためには、どんな力が必要だと思いますか。多くの人は、その人の持つ運や才能に左右されると考えます。

しかし、運や才能よりもっと大事なことがあります。それは、目の前にある小さな仕事、一見つまらなそうに見える仕事を、コツコツと積み上げることです。

世界中が注目するトップテニスプレイヤーの錦織圭選手。彼が劇的に強くなった陰には、コーチのマイケル・チャンの存在があります。

「肝心なところで錦織が勝ちを逃してしまうのは筋力や体力のなさだ」と考えたマイケル・チャンは、徹底的に基礎練習を繰り返させました。

中学生の部活動のような練習内容に錦織選手は嫌気がさしたこともあったそうですが、コーチにかじりついて基礎トレーニングを繰り返すことで、長い試合でもバテない体、強いメンタルを築きあげ、世界ランキング第4位という栄光を手に入れられたのです。

小さな仕事では力がつかないと考える人がいますが、小さな仕事すらできない人に大きな成功はありません。地道にコツコツ。成功に続く道はそれしかないのです。

029

カーシェアリングと活用すべき資源の関係

今、カーシェアリングが人気です。カーシェアリングとは、あらかじめ会員登録することによって、好きなときに好きな時間だけ車を利用できる新しいシステムです。

たとえば駐車場でおなじみのタイムズでは、同社が運営する駐車場にシェアリング用の車が置かれていて、借りたい人がネットで予約。駐車場まで行って会員カードを車にかざすだけでドアが開き、運転ができます。

ガソリン代も料金の中に含まれているので、使い終わったら元の場所に戻すだけ。最短30分でも借りられるという便利なものです。

車の維持費をかけたくない人にとって、新しい車の利用法です。エコの面でも良いとされていますが、同時にビジネスの観点で見ても、素晴らしいシステムだと言われています。レンタカーより時間を細切れにして車を貸すことで、空き時間を少しでも減らせるからです。

使わない時間、能力、設備などは、企業にとってはすべて活用すべき資源です。

私たちもつねにそのことを念頭において、使わずに無駄にしている時間はないか、物はないかを考えて仕事を進めるべきでしょう。

030

世界のディズニーも実践している「割れ窓理論」

今日は、「割れ窓理論」についてお話したいと思います。

たとえば、窓を割れたままにしておくと、「ここは防犯が手薄だ」と思われ、犯罪が起きやすくなります。しかし、そうしたスキを見せないこと、または小さな犯罪を徹底して取り締まることで、凶悪犯罪発生率を抑えられるというのが、割れ窓理論という考え方です。

有名なケースでは、落書きだらけで犯罪の温床だったアメリカの地下鉄から、落書きを徹底的に消すことで、治安が向上したという例があります。また、ディズニーランドやディズニーシーでは、ちょっとした施設の傷や痛みも見逃さず、こまめに補修。また、小さなゴミひとつ落ちていない状態に徹底することで、スタッフだけでなく、来場者のマナー向上にも役立っているのです。

割れ窓理論は私たちの仕事にもあてはまります。たとえば、忙しくて机の上を散らかしっぱなしにしておくと、まわりの人も「ちょっとくらい散らかしてもいいいか」と感じ、どんどんルーズになってしまいます。

一人ひとりが「自分くらい」「ちょっとくらい」と考えず、一仕事一片づけ（一つの仕事をしたら一回片づける）を心がけましょう。

031

ていねいさは品質向上の基本です

私が小学3年生のころの話です。担任の先生は年配の女性で、植物が大好きな人でした。教室にはいつも花が飾られていて、クラスの雰囲気がとても明るかったです。

あるとき、先生がケガをして1か月ほど学校を休んだのですが、その際、花瓶に生けてある花がいつもより早く枯れてしまうのを、私は不思議に思っていました。

そこで、先生が退院して登校してきたときにたずねてみると、「毎日お世話をするかしないかで花の命は変わってくるのよ」と教えてくれました。

先生は、花瓶の水を毎日取り替え、そのときに花瓶をきれいに洗っていたそうです。また、花の茎の部分をちょっとずつ切って、水を吸い上げやすくしていました。花瓶に入れたら入れっぱなしの花と比べて、倍近くももちがよかったのは、毎日のこうしたていねいな手入れがあったからなのだと知り、とても驚いた記憶があります。

企業ではつねに商品の品質向上をめざしますが、「大切なのは地味だけれどていねいな作業の積み重ねなのだ」とあらためて感じました。今日も小さな仕事をていねいに積み上げて、質の良い仕事をしましょう。

032

机は物置ではありません

みなさんの机の上には、今どれくらい物がのっているでしょう。
鉛筆立てにぎっしり入れられた筆記具の数々、いつか読もうと思ってプリントアウトした資料や、お客様からいただいたパンフレット。そんなものが積み重なって雑然としてはいないでしょうか。

当たり前のことですが、机は物置ではありません。仕事をする場所ですから、不要なものは排除し、必要最低限のものだけを出しておくべきです。

少なくとも1週間以上手を触れていない物は、机の上に置いておく必要がありません。処分するか、引き出しの中にしまいましょう。

東大にストレートで合格した人の机の上は、余計なものが一切置かれていないことが多く、それは集中力を高めるのに大いに役立っているという研究結果もあります。

まずは身近なところで、筆記具の整理をしてみませんか。

たくさん筆記具を持っている人も、つねに使うのはほんの数本です。その数本を引き出しのペントレイに置けば、鉛筆立てを机からなくせます。

それだけでも大いにスッキリするはずです。

033

街には大切な情報があふれている

私の知り合いはマーケティングリサーチをするとき、街に出ていろいろな人の会話に耳を澄ますそうです。

たとえば、ファーストフード店などでは、本を読むふりをして高校生の話を聞いていると、いろんな情報が入ってくると言うのです。

そうすると、自分たちが今トレンドだと思っていることが、高校生の中ではすでに古いと感じられていたり、そのときは「何を言ってるんだろう」という彼らの使っている言葉が、半年後に広まっていたりと、得るところが多いとか。

また、ここ数年、シルバービジネスが注目されていますが、次に何が流行するのかを知るには、地元の老人会に出向いたり、ご近所の高齢者とふれ合うことが情報収集に欠かせないと話していました。

本を読んだり、何かの報告書を読んで情報を得るのは大切ですが、まとめられたものはすでにソースとしては古いわけで、何か新しいものを生み出すためには、街に出て歩くことが大切かもしれませんね。

まさに街は情報の宝庫というわけです。

034

語学力を身につけるのは、スクールだけではない

2020年、オリンピック・パラリンピックが東京で開催されます。世界中からたくさんの人がやってくるのに伴い、当然、ビジネスチャンスも増えるでしょう。そんなときになんといっても必要なのが語学力です。

英語はもちろん、中国語、韓国語、さまざまな語学力が求められますが、みなさんは語学をどうやって学びますか。

スクールに通うという人が多いと思うのですが、それ以外にもいい方法があるのをご存知でしょうか。それは、日本語教室でのボランティアです。

さまざまな場所で外国人支援のための日本語教室が開かれていて、そこでボランティアをすれば、無料でネイティブと会話ができ、語学力がつくだけでなく、友だちが増えたり、感謝されるというおまけもついてくるのですから、こんなにうれしいことはありません。

「でも、自分は英語ができないから」と尻ごみする人が多いのですが、ほとんどの場合、英語力は必要とされません。相手は英語圏とはかぎりませんし、日本語を学びにきているのですから、こちらは日本語で対応すればいいのです。ネットで「日本語教室ボランティア」と検索するとヒットするので、興味のある人は調べてみてください。

035

「積読」は卒業しましょう

「積読《つんどく》」という言葉を聞いたことがありますか。

「積んでおく」と「読む」をかけた、明治時代からの俗語で、買ったまま読まずに積み上がった本や、その状態を意味します。

最近は電子書籍化が進み、紙の本を買う文化もすたれ気味で、あまり馴染みのない言葉かもしれませんが、身に覚えがある人もいるのではないでしょうか。

本にかぎらず、渡された書類がいつの間にか積み上がっていたり、パソコンの中に未処理のデータが溜まっている人もいるでしょう。

一度積み上がってしまうと、なかなか再び手が伸びません。下手に引っ張りだそうとすると、崩れて何がどこにあるのかわからなくなってしまうこともあるでしょう。

まずは環境を整えることです。優先順位をつけて、本は本棚に、書類はファイルにまとめて、取りやすいように立てて並べましょう。そして、最初にやると決めたものを、手にとってみることから始めましょう。

きっと机の上も頭の中もスッキリして、大いに仕事がはかどるに違いありません。

036

無理と思っても、ゲーム感覚で楽しんでみる

先日電車で「無理ゲー」という言葉を初めて聞きました。難易度の高い設定のため、クリアできないゲームをさすようですが、ときにはゲーム以外にも使うようです。

そのときは電車が遅延していて、「授業に間に合うのは無理ゲー」と若い人たちが話していました。登校もゲームの一つと考えると面白いですね。

「無理」という言葉は、社内でもたまに耳にします。「今日中に終わらせるのは無理」「この企画には無理があります」などです

そうしたときに、心の中で「無理ゲー」と言い換えてみると、同じ「無理」でも、少しは面白くなるかもしれません。

かぎられた選択肢しか設定されていないコンピュータゲームと違い、自分自身で好きに設定ができるのが、「無理ゲー」です。

何が妨げになっているのか、まずはバグを修正して、クリアをめざしましょう。コンピュータゲームと同じように、ハードモードこそ楽しく、クリアの達成感も一入《ひとしお》のはず。

このように仕事の中に楽しさや面白みのエッセンスを入れられると、次のステージへと進みやすいのです。

037

服装を変えると頭も切り替わる

家に帰っても、なかなか仕事のことが頭から離れず、疲れが取れないという人はいませんか。そんな人にかぎって、ネクタイを緩めただけの服装で、いつまでもソファーで寝転がっていたりするものです。

頭が切り替えられないのは、実はその服装のせいかもしれません。人間は意外と形から入っていくもの。服装を変えることで、ムリヤリ気持ちを切り替えるのも良い手です。

仕事から帰ってきたら、すぐに部屋着やパジャマに着替えてみましょう。それも鏡の前で着替えるのがお勧めです。スーツを脱いで、リラックスできる服に着替える様子が、視覚的にもはっきり脳に伝わります。

そして、鏡の中の自分に向かって「今日も一日お疲れさま」と声をかけてみましょう。お休みモードのスイッチが入ります。

反対に、仕事に行くときには鏡の前で「よし、今日も頑張るぞ」というかけ声とともに、スーツのジャケットをはおってみましょう。

そうしたことを繰り返しているうちに、うまく頭も切り替えられるようになっていくのです。

038

個性をウリにして覚えてもらう

取引先に、いつも黄色いネクタイをしている人がいます。柄は違っていても、何度会っても色は絶対に黄色。不思議に思って聞いてみると、「自分は中肉中背で、個性が薄い。営業マンとして顔を覚えられないのはまずいと思って、個性づけを始めたんです」と言うのです。

なるほど、私はその人を「いつも黄色いネクタイをしている○○さん」と覚えていました。狙いは見事に的中していたというわけです。

これは、私も見習いたいと思いました。自分は個性的だと思っている人も、個性を演出するのは良い手段ではないでしょうか。

たとえば、アメリカ大統領に就任したトランプ氏は、よく赤いネクタイをしています。赤は共和党のシンボルカラーであり、アメリカの国旗にも使われる色です。赤いネクタイは「パワー・タイ」とも呼ばれ、アメリカの歴代大統領が、選挙のときによく着用していることでも有名です。

その良し悪しは別として、強烈な印象を与えられるという良い例ではないでしょうか。

せひみなさんも、自分に合った個性づけで、しっかり相手に覚えてもらいましょう。

039

ストレスを手放す秘訣

現代はストレス社会です。子どもやペットですらストレスを抱えているというのですから、私たちがストレスなしに生きることなど無理でしょう。しかし、できるかぎりストレスは軽くしたい。それは、多くの人の願いだと思います。

ある心理学者が言っていましたが、ストレスを抱えてつらいときは、諦めたり、開き直ることも大事だそうです。

世の中には解決できる問題とできない問題があります。たとえば、私が女優の綾瀬はるかさんと結婚したいと思っても、結婚はできません。これは、どんなにあがいても解決できる問題ではありませんし、それによってストレスを抱えたところでバカバカしいだけです。

つまり、無理なことをいつまでも考えてストレスを抱えるのは無意味。頑張ってもうまくいかずイライラするときは、「これは自分には無理」とすっぱり諦める、開き直ることが大事なのです。

できないことは諦めて、できることを探す。そして、できることを実践し、小さくてもいいから成功体験を重ねることで、ストレスを軽減できそうです。

040

自分の担当以外の仕事を見てみよう

日々、目の前の仕事だけに追われていると、会社という組織の中にいても孤独を感じることがあります。しかし、企業はいろいろな部署の働きがあって成り立つもので、一人ひとりの頑張りがあってこそ、会社の存続があるのです。

もし「自分の仕事は孤独だな」と感じることがあったら、まわりの人の仕事や、自分の担当した仕事の行く末を見てみましょう。

営業を担当する人は、製造の現場に行き、どうやって商品が作られているか、そこにはどんな思いが込められているかを知るべきです。

製造の現場の人は、自分たちの作ったものがどんな人たちによって売られ、お客様の手元に届くのか。そして、お客様はどんなふうに感じてくれているのか。そうしたところにもアンテナを張りましょう。

そうすることで、自分の仕事の大切さがより明確に見えてきますし、日ごろは顔を合わせない社員でも、商品をバトンにして心が一つにつながっているのを感じられるはずです。

組織は小さな力の積み重ねでできていることを再確認しましょう。

041

やり残した仕事が足を引っぱっていませんか

みなさんは今、やり残した仕事を抱えていませんか。

残務には余計な仕事がつきまとうもの。締め切りが過ぎた仕事は謝罪の手間が増えますし、ミスがあって戻ってきた仕事は確認をし直す必要が出てきます。これでは、新しく仕事をまかされても、やり残した仕事が足を引っぱって前に進めません。たとえ次の仕事に手をつけたとしても、気が散って集中できないでしょう。

そうした状態は、精神にもネガティブな影響を与えてしまいます。

そんなときには、すっぱり割り切って、過去のものから順に、やり残した仕事を終わらせていきましょう。

仕事の流れが止まってしまうと、不安になるかもしれませんが、それも仕方がないこと。リセットする勇気を持つのが大切なのです。

やり残した仕事をすべて片づけると、頭がすっきりします。そして、目の前の仕事だけに集中できるようになるでしょう。

たとえ仕事というレースの、スタートのタイミングが遅れたとしても、余計な荷物を抱えてフラフラと走るよりも、身軽で明るい気持ちで走ったほうが、ずっと早くゴールを決められるはずです。

042

やりたくない仕事から片づけると自信がつく

なんとなく厄介な仕事を後まわしにするのは、人間のつねです。たとえば、会議が始まる15分前に突然、企画書の作成を頼まれたとします。そのとき、すぐに手をつけるでしょうか。それとも、会議が終わってから考えますか。

後まわしにすると、会議のあいだじゅう、企画書のことが気になって仕方がないでしょう。いったい作成にどれぐらい時間がかかるのか。今やっている仕事とどちらを優先するか……。考えるほどに、デスクに戻るのが憂鬱《ゆううつ》になってしまうでしょう。

しかし、たとえ15分でも向き合えば、会議の後にまず何から始めればいいか、予定ぐらいは立てられるはずです。そして、「嫌だなぁ」と思いながら残しておくよりも、先に終わらせてしまったほうが、嫌な気持ちを引きずりません。

つまり、厄介だと思う仕事こそ、優先してやったほうがいいのです。早くストレスから解放されるだけでなく、終わらせたときの達成感は大きな自信につながります。そして、ほかの仕事がもっと楽に思えるでしょう。嫌な仕事は優先して片づけることで、成長のきっかけになります。

043

メールはすぐに開いて処理しましょう

　メールは放っておくと、すぐに受信箱がいっぱいになってしまうものです。後から返信しようと思っていたのに、うっかり忘れてしまっていたという経験がある人もいるでしょう。

　また、商談に必要なメールが、検索しても見つからないという状況にもなりかねません。

　それを避けるためにも、メールは確認したら、すぐに適切な処理をしていきましょう。不要なものはすぐ削除する。返信できるものはすぐに送る。添付されていた資料は、すぐに内容を確認して必要なら保存する。

　同時に、フォルダ分けも重要になってきます。

　たとえば、社内と取引会社ごとに分けたり、返信済、保留、参照など、自分なりに使いやすいよう、フォルダの種類を考えて作成しましょう。そして開封したメールは、すぐに適切なフォルダに移動させましょう。

　読んだだけの状態で受信箱に入れっぱなしにするよりも、整理されていたほうが、ずっとメール作業もはかどります。そうして仕事の効率もアップできるのです。

044

逆算して計画を立てましょう

みなさんが今、手がけている仕事は順調に進んでいますか。効率的に進んでいるかをチェックするには、目印となる最終的な目標が必要です。

たとえば、グループで進めているプロジェクトに関して、会議資料を作成する仕事があるとします。そうしたときに、「まずこれをやろう。できあがったら、次はこれをやろう」という進め方をしていると、どれだけ時間がかかるのか、誰がどこまでやればいいのかもわからず、下手をすると会議に間に合わなくなってしまいます。

そういうときには、たとえば、会議の3日前に各自が担当する分野の資料作成を終わらせて、全員ですべての資料を確認し合い、みんなが納得できるクオリティに達したら完成とするといった、最終的な目標を立てると、グループ全員が迷わずそこへ向かっていくことができます。

めざすべき場所がわかると、どこに向かっていいかわからなかったときよりも、断然、進み方は速いでしょう。

そして大切なのは、目標を目に見える形で書き出すことです。口で伝えあうよりも間違いがありませんし、意見もグループ全体の気持ちもしっかりとまとまるでしょう。

045

つねに部下に目を配り、成長の手助けを

部下がいる方々は、自分が新入社員だったころを思い出してみてください。そのときの上司は、あなたを気にかけてくれましたか。必要な情報を集めて、障害を取り除き、成功に導いてくれたでしょうか。

とても素晴らしい上司だったと思う人もいれば、プレッシャーばかりかけてきて、何もしてくれなかったと思う人もいるかもしれません。

それでは今、みなさんは部下に、どのように接していますか。部下一人ひとりに目が行き届いているでしょうか。

たとえば「この書類を今日中によろしく。わからないことがあったら聞いてくれたらいいから」と指示を出すだけでは、部下は100パーセントの力を出せません。報告や質問を待つのではなく、つねに仕事がうまくいっているか、実際に目で見て、確かめましょう。そして、何か困ったことが起きる前に気づくことが大事です。

部下にアドバイスをするときのポイントは、一度に伝えないこと。いくら善意からであっても、過度な情報は負担になってしまいます。

自分が仕事をするときと同じように、今やっていることを一つずつ、解決へ導きましょう。

046

落ち込んだら、武将のポジティブさに学ぼう

人間、精神的に落ち込んだときは、なかなかそこから抜け出せません。そんなときに参考になるのが、ポジティブな発想で戦乱の世を生き抜いた豪快な一人の武将の話です。その人の名は後藤又兵衛といい、大河ドラマ「真田丸」では哀川翔さんが演じた人物です。

昔、黒田官兵衛の家来だった後藤又兵衛は、一揆の鎮圧に出向いたのですが、百姓たちの勢いに負けて、そのまま兵を率いて戻ってきました。ところが、その様子があまりにも平然としていたので、家臣がムッとしながら「後藤様は反省をしておられないのですか」と聞くと、「今回は負けた。しかし次に勝てばいい。いちいちそんなことを気にしていたら合戦などできない」という返事。この豪快な返答を聞いて、周囲はその大物ぶりに舌を巻いたといいますから、さすがに又兵衛は器《うつわ》が違います。

ビジネスの世界でも思わず気落ちするようなことはいくらでもあります。でも、失敗したからといって、そのたびに落ち込んでいたのでは、ビジネスマン落第。負けたときこそ潔く負けを認めて、心機一転、出直すべきです。後藤又兵衛のような武将はそんなときのお手本として、骨太な生き様で私たちを勇気づけてくれるでしょう。

047

人の喜びは自分に返ってくるという家康の教え

戦国武将の頂点に立つのは、２６０年にもおよぶ徳川幕府の礎《いしずえ》を築いた天下人・徳川家康。歴史ファンに、もっとも人気の高い武人の一人です。

家康は数々の名言を残していますが、なかには商売の極意に通じるような言葉もあります。

それが「人間は、もっとも多くの人間を喜ばせたものがもっとも大きく栄えるものだ」という教えで、まるで「商売の基本はなによりもお客様に喜ばれること」と言っているように聞こえます。

家康は、自分が治める土地の民を喜ばせて、初めて君主たるものの資格があると考え、つねづね「幕府の繁栄を望むなら、なにより民の暮らしを考えなくてはならない」と家臣たちに話していたのです。

これはビジネスを意識した言葉ではありませんが、人の喜びのために力を尽くしたいという思いは同じです。

もし、抜群の統治能力と人事の管理能力を持っていた家康が現代に生きて、実業家になっていたら、きっとビジネスリーダーとして世界的な活躍をしていたことでしょう。

048

最後までやり抜いてこそ、見えてくる景色がある

ある仕事を始めてみたものの、なかなか成果があがらない、当初の予定と違ってうまくいかない。そういったことは珍しくありません。

人間、うまくいかないときは、歯を食いしばって頑張ろうという気持ちよりも、「早くやめて違う方向に進んだほうがいいんじゃないか」「見切りをつけるタイミングは大切だ」などのように、やめるための口実や、「やっぱりやめるべきだったんだ」と自分に言い聞かせることばかり考えてしまいます。

そんなシーンに遭遇したときのために、ぜひこの言葉を覚えておいてください。

「一度取りかかったら途中でやめない。どんな状況下でもチャンスはある。必ず成功すると信じてやり抜くことだ」

これは森ビルの創業者、森泰吉郎氏の言葉です。

森氏は大学教授から貸しビル業に転じて意欲的に事業を拡大。一時は資本金7500万円に対し、借り入れが58億円になったこともありました。

しかし、一度決めてやり始めたことの成功を信じ、石にかじりついてやりぬいたおかげで、素晴らしい功績を残せたのです。

049

現状をしっかり把握して、仕事を引き受ける

みなさんは、自分自身のスケジュール管理がきちんとできていますか。見通しが甘いと、思わぬハプニングも起こりかねません。

たとえば、突然上司から仕事を頼まれたとしましょう。明日までの急ぎの仕事で、上司も「できるならまかせたい」という頼み方です。断ることもできますが、上司の期待に応えたい思いと、なんとなく断りにくい気持ちがあって、「ぜひやらせてください」と引き受けてしまったとします。

しかし、今やっている仕事の締め切りも明日。それでは、どちらから手をつけたら、両方を明日までに終わらせられるでしょうか。

実行する力がないのに仕事を引き受けるのは、あまりに無責任です。引き受けざるを得ない仕事もあるでしょうが、相手が上司ならば、まずは現状を報告するべきでしょう。そして、それでも優先的に新しい仕事を手がけてほしいと言われたら、着手すればいいのです。上司もできないことを無理に頼んだりはしないでしょう。

できない仕事は引き受けない代わりに、一度引き受けたことは、必ず実行しましょう。そうして信頼関係を築けば、ピンチを招くようなイレギュラーな予定も減るでしょう。

050

人生は選択の連続、自分の心と直感にしたがおう

何かに迷ったとき、つい人に「どうしたらいいと思う？」と聞いてしまうことはありませんか。とくに、二者択一のようなシーンでは、どちらを選ぶかを他人まかせにしてしまう人もいます。

その心理は、もしかすると責任逃れかもしれません。つまり、他人に選ばせることによって、失敗したときにも「あの人がこっちがいいと言ったからダメだったんだ」と、他人のせいにできるからです。

しかし、人生は決断の連続。「朝食はコンビニでサンドイッチを買うか、カフェでモーニングを頼むか」「誘われた飲み会に行くか否か」といったたわいのない選択から、「恋人と結婚するかしないか」といった人生の選択まで、人は生きているかぎり選び続けねばならないのです。

「他人の意見ではなく、自分の中の声に耳を傾ける。もっとも大切なのは、自分の心と直感にしたがう勇気を持つことだ」

こう語ったのはアップルの創業者、スティーブ・ジョブズ。人生の成功者はきっと、どんな選択も人まかせにせず、勇気をもって自分で選んできたのですね。まずは、自分の力を信じるところから始めましょう。

051

「逆転の発想」の重要性

ある番組で、こんなクイズを見ました。

「あなたの前に深い谷があるが、橋がかかっていない。向こう岸に渡るにはどうしたらいいか?」というもの。「飛ぶ」「橋をかける」「谷底に降りて崖をのぼる」など、いろんな答えが出るなか、「谷とは反対にまわって地球をぐるりと一周する」というユニークな答えが飛び出しました。

現実的とはほど遠い答えかもしれませんが、こうした突飛な発想こそが新商品誕生のきっかけになるのかもしれません。

それゆえに、ばかばかしいと一笑に付すのではなく、「そういう考えもあったか!」と思える柔軟性が必要かもしれません。

アイスキャンディーのガリガリ君。コーンポタージュ味やナポリタン味など、「なにそれ」とまゆをひそめる人も多いですが、それ以上に「面白い!」と買う人が多く、大ヒット商品になりました。また、北海道ではサケをくわえるクマの木彫り人形が名産ですが、最近、「食われ熊」といって、サケに噛みつかれたクマの人形が売れているそうです。

遊び心と柔軟な発想には、私たちも見習うところがあるのではないでしょうか。

052

パートナーシップがうまくいく人は同性に好かれる

人望のある人の特徴は、同性に好かれる人だと言います。想像してみると、「なるほどな」と思いませんか。

では、同性に嫌われる人はどんな人なのか考えてみたところ、ある心理学者が「同性に対して嫉妬する人はたいてい嫌われる」と述べていました。

たしかに、男同士で「あいつは営業成績がいいことを鼻にかけている」とか、女同士で「あの子は自分が可愛いことを知っていて、男の視線を集めている」などと話しているのを聞けば、嫌な気持ちになりますね。

逆に、同性、しかも自分と近い立場にいる人、もしかすると、ライバルと呼べるようなポジションの人をほめられる人は、人望を集めます。

ほめるということは、相手の良いところを見ようとしているわけですから、そういった姿勢が一緒にいる人を心地よくするのかもしれません。これは、パートナーシップには欠かせない条件でしょう。

嫉妬はその人の器の小ささを示すようなもの。充分に気をつけたいものですね。もし、妬《ねた》ましいという気持ちが湧いてきたときは、「相手を超えてやる」という前向きなファイトに変換しましょう。

053

趣味が仕事の効率をアップさせる

「趣味などに時間を割かず、余暇も仕事に生かすための勉強をしたほうがいい」。たまに、こんな真面目一辺倒の人に会うことがあります。ここまで仕事に情熱を傾けられるのは素晴らしいと思う反面、ずっと一緒にいたら息苦しくなりそうです。

実は世界的に成功している人の多くは、趣味の時間をとても大切にしているそうです。その趣味は仕事とまったく関連のない、つまり生産性のない趣味で、そうした趣味の時間をきちんと確保しているとか。

その理由は、大好きな趣味は人に豊かさを与えてくれるからだそうです。豊かさは生きるエネルギーになりますから、これはきちんと仕事に生かせるわけです。

また、大好きな趣味の時間を取ろうとすれば、おのずと仕事の時間が減ってきます。そこで、どうしたら仕事を効率よくできるか考えるわけです。効率が上がり、趣味の時間が増やせたら、もっともっと趣味の時間を取りたくなる。するとさらに仕事の効率を考える。結果として、仕事も趣味も充実するというわけです。

ちゃんと理にかなっていると思いませんか。

054

余韻や後味の良さを大切に

先日、ずっと見たかった映画をようやく見ました。ラストシーンが「このあと二人はどうなったの?」という感じだったのですが、続いて流れ始めたエンドロールにちょっとずつ、その後の二人の幸せになっていく様子が月日の流れとともに描かれており、なんとも素敵な余韻を楽しめました。

ところが、上映が終わり、会場の照明がついたとたん、となりのカップルが大きな声で映画の感想を言い始めたのです。はっきり言って、興ざめでした。せめて映画館を出るまで待てなかったものなのか……。

こうしたシーン以外に、ビジネスの世界でも余韻や後味というものは大切です。

用件がすんだとたん、ガチャッと切られる電話や、別れの挨拶をしたとたんに電話を始めるような態度の人。そうしたシーンに出会うと、「もう少し時間を置けばすむことなのに」と感じます。

その時間は、たった1分にも満たない、ものによっては10秒にも満たないものでしょう。人それぞれ忙しいのはわかりますが、もう少し余裕をもって物事を進めたいものだと思いました。

3章

自己研鑽、意識向上につながる話

「事業は人なり」。経営の神様、松下幸之助の言葉です。会社を発展させるためには、社員一人ひとりが高い志を持ち、自己研鑽していくことが重要です。

一人の社員の不祥事が、会社全体の存続を揺るがす危機になることもありますし、一人の社員のアイデアが傾きかけた経営を立て直すこともあるのです。

だからこそ、社員の一人ひとりが上を見て「よし、今日も一日頑張ろう。もっと自分を高めよう」という気持ちになるようなテーマの話をしたいですね。

055

ネットの情報には、にせものがいっぱい

スマホが普及したことで、出先だろうと夜中だろうと、知りたいと思ったことを、リアルタイムに調べられるようになりました。

検索の窓にキーワードをいれるだけで、パッと見られるのですから、こんなに便利なものはありません。最近では、若い人の図書館離れが深刻だといいます。図書館に足を運んで、わざわざ本を探すより、インターネットでピンポイントに知りたい情報を検索したほうが効率的ですし、なにより情報量も豊富です。

しかし、そんな便利な情報にも落とし穴があるのを忘れてはいけません。インターネットの情報には「フェイク」と呼ばれる、偽の情報があふれているからです。

また聞きしたことや孫引きの情報、不確実なことが、あたかも正しいように書かれているのがネットの世界。だからこそ、私たちは便利に使うだけでなく、それが正しいのかそうでないのかを見極め、情報を取捨選択しなければならないと思います。

とくに仕事に関する情報を、ネットで安易に集めるのは危険です。きちんと出典や信憑性を確かめてから使うようにしましょう。

056

他人の評価ではなく、自分の目標の達成を

まわりの人は、どんなふうに自分を見ているだろう。思い切ってやってみたいけれど、反感を買わないだろうか……。そんなふうに他人の目が気になってしまう気持ち、大なり小なり誰もが持っていると思います。

たしかに、周囲から認めてもらうことは大切です。けれど、「どう思われているか」ばかりを気にしていたら何もできません。すべての人を満足させることなどあり得ないからです。

それに、人は自分のことに精一杯で、まわりの人など見ていないかもしれないのですから、まず自分自身に納得のいく行動を起こすことが大事です。

それには、自分のめざすところはどこなのか、自分のやりたいこと、やるべきことは何なのか、明確なビジョンを持ちましょう。そして、目標に向かって自分のやりたいように頑張ればいいと思います。

もし失敗したとしても、全力を尽くしたのなら悔いは残りません。もし達成できたなら、これ以上の喜びはないはずです。

057

最高級のサービスは「お客様第一」です

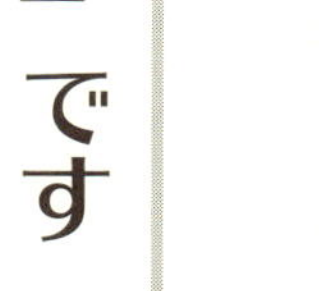

サービス業の代表選手ともいえるホテル。なかでも明治23年創業の帝国ホテルのサービスは、群を抜いていると言われています。

そんな帝国ホテルをこよなく愛した一人に、作家の井上ひさしさんがいます。井上さんは、家族での食事や仕事の打ち合わせにも帝国ホテルをよく利用したそうです。

ある日のこと、いつものようにバーラウンジで仕事仲間と話をしているとき、井上さんはうっかり手を滑らせてグラスを割ってしまいました。老舗ホテルのバーで使用するグラスですから、かなり値の張るものだったでしょう。

しかし、すぐさま走り寄った従業員は、割れたグラスには見向きもせず、まず「先生の大切な右手は大丈夫だったでしょうか」と聞いたそうです。作家にとってペンを持つ右手は大切。その対応は素晴らしいの一言です。

私たちも、仕事をしていると思いもよらぬシーンに遭遇します。そんなとき、つねに「お客様第一」という気持ちを忘れずにいたいですね。サービスの真価が問われるのは、そういうときなのですから。

058

社会人になったら「書く力」も鍛えよう

パソコンやスマホの普及によって、私たちは字を書く機会が減っています。仕事で使う資料のほとんどはパソコンで作りますし、お客様への連絡も電話かメールが主流です。そのため、「たとえ字が下手でも大丈夫」と安心している人も多いと思うのですが、社会人なら「書く力」も鍛えるべきだと私は思います。

たとえば、電話連絡などのメモ。これはほぼ手書きです。また、郵送のあて名書きもありますし、申込書や契約書などにサインを求められることもあるでしょう。

そんなとき、ミミズやヘビがのたくったような字や、若い子が使うような丸っこい字を書くのは、社会人として少し恥ずかしい気がします。

一から字体を変えるのは難しいとしても、よく使う自分の名前、社名、株式会社という字などは、上手ではなくても楷書で書けるようにしておきたいですね。

止めやハネを意識する。一文字一文字の大きさをそろえる。線の上に乗るように書く。たったそれだけを気をつけるだけで、字はみるみる上達します。「手書きの時代じゃない」などと思わず、書く力を鍛えましょう。

059

若いうちから多くの人と交流する

以前読んだ本で、印象に残っている言葉があります。本州製紙の元社長である故田辺武次さんが、若い従業員を集めて話したもので「君たち、20代、30代は名刺をバラまきなさい。そして40代になったら、回収を始めなさい」というものでした。

みなさんは、この言葉にどういう真意があるかわかりますか。

名刺をばらまくとは、多くの人と知り合うことです。若いうちは、いろいろな分野の人とできるだけ多く知り合って、たくさんの経験を積み、多くを知ることが大切なのです。そして40代は、20代、30代の経験を活かすとき。若いうちの失敗はかわいいものですが、40代にもなると、何をやるにも責任が伴ってきます。

社会的な信用を得て、正しい判断力が身についていなければなりません。これこそ、回収だというわけです。

みなさんも、若いうちに多くの人々と知り合えるように努力しましょう。もう若くないという人も、決して遅くはありません。経験を積めば積むほど、正しい判断を下す能力は磨かれていくのですから。

060

忙しいときほど、仕事の基本に立ち返りたい

人は忙しくなると、つい仕事の基本がおろそかになりがちです。そんなときこそ、基本に立ち返りましょう。

仕事の一番の基本は、無駄を省いて、スムーズに仕事を処理すること。そのためには、だんどりが重要になってきます。だんどりが悪いと、なかなか仕事がうまく進まないために忙しくなり、すると、さらにだんどりが悪くなってしまう悪循環におちいります。

これでは、良い仕事はできません。たとえば、メールが来るたびに、そのときやっている仕事の手をとめて一通ずつ処理するよりも、時間を決めて一度にすませてしまったほうが、効率がいいでしょう。

また、いくらやっても仕事が終わらない、忙しいと思っている人は、仕事のコツや要領が、うまくのみ込めていない証拠でもあります。

要領よく働くためには、どうしたらもっと良い働き方ができるかを考えて、工夫することが大切です。そしてなにより、仕事を楽しむことです。

繁忙期でもこうした点を意識できれば、仕事の基礎は完璧です。

061

仕事も電車も、駆け込みはいけません

みなさんは通勤のとき、予定の電車が来る何分前に駅のホームに着いていますか。早めに来て、列の先頭に並ぶ人もいれば、発車時刻ピッタリに合わせて来る人もいるでしょう。もしかしたら、走って電車に飛び乗る人もいるかもしれません。

出勤に時間をかけたくない気持ちもわかりますが、駅のホームや階段で走ったり、無理に乗ろうとするのは危険です。また、自分だけでなく、まわりの人にも迷惑をかけているかもしれません。心当たりがないか、今一度振り返ってみてください。

そして、通勤の仕方と仕事の進め方には、その人の性格がそのまま表れているように思います。

余裕を持って行動をする人は、仕事も計画立てて余裕を持って仕上げますが、電車に乗り損ねたり、駆け込み乗車をする人は、いつも締め切りギリギリ。余裕がないので見直しができず、ミスや漏れが多い気がします。「急《せ》いては事を仕損じる」と言うように、慌てて何かをやろうとすると失敗しやすいものです。

電車も仕事もギリギリの行動は卒業して、つねに時間と心の余裕を持ちたいですね。

062

問題が起こったときの対策が大切

都心部では大寒波による雪の影響で、交通が麻痺することがよくあります。しかし、都心よりもはるかに積雪量が多い北国では、電車は普通に動いています。

雪の量ではなく、対策がなされているかいないかの違いだというわけです。それは公共機関だけではなく、自家用車でもその差は歴然です。

雪国の人たちは、大寒波に襲われる前からスタッドレスタイヤに変えたり、チェーンをつけているため、問題なく車が使えます。しかし、雪に慣れていない地域では、スリップ事故が多発したりします。恐ろしい話です。

こうした対策が練られているかどうかの違いは、仕事面でも大きく影響してきます。

たとえば、お客様からの質問やクレーム。あらかじめ対策を練っていれば、すぐに受け答えができるでしょう。しかし、そうした状況を想定していなければ、お客様を長くお待たせしたり、適切な対応ができません。

イレギュラー時の対策マニュアルが周知されているかどうかで、いざというときの行動は変わってきます。「備えあれば患《うれ》いなし」なのです。

063

時間を味方につけて、チャンスをつかみましょう

「チャンスの神様には前髪しかない」という言葉をご存知でしょうか。チャンスの神様の後頭部には毛がないために髪をつかめないので、通り過ぎてからではもう遅い。だから、チャンスが来たときには、すぐ手を伸ばさなければいけないというわけです。しかし時間に追われていると、いざやってきたチャンスに気づく心の余裕もなくなってしまいます。

「忙しい」という漢字は、心を亡くすと書きます。せかせかして「心ここにあらず」の状態では、せっかくのチャンスどころか、目の前の仕事にさえ、実は集中できていないのではありませんか。

たとえば、会議など開始時刻が決まったものには、その10分前をめざして準備をしましょう。時間に余裕があると、ミスがないか充分に確認もできますし、落ち着いて会議に臨めます。そうして準備万端で待ち構えていれば、チャンスの神様を見逃すこともないでしょう。

チャンスをつかむためには、時間に追われて振りまわされるのではなく、時間を味方につけて、上手にコントロールしましょう。

064

目標を決めるときは肯定する形で

プレゼンや大切な発表をするとき、みなさんは「緊張しないようにしよう」と目標を立てますか。それとも「落ち着いてやろう」と思うでしょうか。一見同じに見える目標ですが、実はまったく違う結果を招くことがあります。わかりやすく説明しましょう。

たとえば、「緊張しないように」という目標を定めると、頭にまず焼きつくイメージは「緊張する」です。そのため、いくら緊張しないように努力しても、最初の「緊張する」という強いイメージにとらわれてしまい、現実に緊張を引き起こしてしまうのです。これを「努力逆転の法則」といいます。

スキーや自転車の練習の際、「転ばないように、転ばないように」と思うほど転んでしまうといえば、わかりやすいかもしれませんね。

だからこそ目標設定をするときには、肯定的な言葉を使うといいのです。

「緊張しないぞ」ではなく、「落ち着いてやろう」。「ミスしないように話そう」ではなく、「自分が楽しみながら話そう」です。プラスイメージのパワーで、思い描いたとおりの目標を達成しましょう。

065

言いにくいことこそ大切なこと

「契約が決まった」「商品が売れた」。こうした報告はうれしいものです。いち早く上司や同僚に伝えたくなりますが、逆の場合はどうでしょうか。

「うっかりミスでお客様を怒らせてしまった」「トラブルがあり、納期が守れない」。こうした報告はできるだけしたくありません。これは人間の情として当たり前でしょう。

しかし、バッドニュースほど早く正確に伝えなくてはいけません。なぜなら、悪い事態ほど、素早く次の一手を打たなくてはならないからです。

ついつい自分一人でなんとかしようと画策した結果、かえって事態をこじらすのは決して珍しいことではありません。また、謝罪のときこそ、立場の上の人間が出ていくことが求められます。

もし、自力でなんとかしたいのなら、事態を報告したうえでその意思を伝えればいいのです。「言いにくいことこそ、言わなくてはいけないこと」。そう肝に銘じて、今日も「報告・連絡・相談」を大切に頑張りましょう。

066

仕事の成果を意識して上げていく

みなさんは「仕事の成果」を意識していますか。一日仕事をしたことよりも、その日にどれだけの仕事ができたかが重要です。たとえば、書類を同じクオリティで1ページ完成させるのでも、1時間かかる人と30分でできる人では、後者のほうが昇進のスピードも速いでしょう。そして1時間かかってしまう人よりも、多くの成果があげられる分、仕事が面白く感じられるに違いありません。

仕事の成果に関わる要素は、大きく分けて「量」と「質」と「効率」の三つ。

まず「量」は、時間をかけるほど増えるものです。「質」は、知識を増やし、経験を積めば積むほどアップしていきます。そして、重要なのは「効率」です。

仕事は工夫次第で、無駄をなくすことができます。たとえば、つねに確認できるところに時計を置くというのも一つの手です。時間を意識し、プライベートも含めて、ダラダラしないことを心がけましょう。また、時間の使い方がうまい人を真似するのも効果があります。

三つの要素を意識して工夫すれば、どんどん仕事の成果はアップしていくでしょう。

067

システム化で効率を良くしましょう

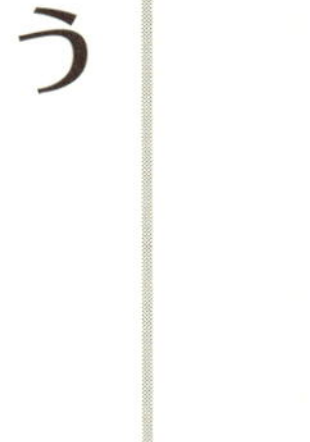

よくやる作業をシステム化できているかどうか。これは大きなテーマです。

たとえば通勤のとき、ほとんどの人は同じ道、同じ電車を使うでしょう。これが、毎日違う道や電車を使うと、いちいち時刻を調べたり、地図を確認する必要があるうえに、会社に着く時間も読めなくなってしまいます。ともすれば、道を間違えたり、電車に乗り損ねてしまう可能性だって出てきますね。

それは、仕事も同じことです。報告書の作成やお礼のメール作成など、一回きりではなく、繰り返し行う作業があるでしょう。そうした作業を自分なりにシステム化しておくと、時間短縮ができ、間違いも少なくてすむのです。

メールやビジネス文書なら、ひな形を作っておくといいですね。また、マニュアルを作成するのも良い手段です。さらに、チェックリストを目につく場所に貼っておくと、ミスを確実に防げます。

ただし、システム化が本当に効率的になっているか、定期的に見直すことも大切です。そうしてより良いシステムに、アップデートしていきましょう。

068

体験しなければ、自分の力になりません

「冷暖自知」という禅の言葉があります。水の冷暖は自分で飲んでわかるように、本当の悟りは修行を積み重ね、自分で会得《えとく》するものであるということです。

これをビジネスに置き換えて考えてみましょう。

たとえば、商品説明をする際に、明るく盛りあげ上手な先輩がいるとします。テレビショッピングでおなじみの、ジャパネットたかたの創業者のようなタイプです。

それを見て、自分も同じようにやればきっとうまくいくだろうと思って真似したところで、たいていの場合うまくいきません。

先輩のトーク術は、何度も場数を踏み、失敗や反省を繰り返しながら確立されたもので、ポッと出の新人にできるはずはありません。たとえできたとしても、人真似の域は出ず、お客様の心はつかめないでしょう。

新人のうちは、上司や先輩から教えられた仕事をそのまま実践し、そこで失敗すると「習ったとおりにやったのに、なぜうまくいかないんだろう」と悩んだりしますが、そうした失敗の積み重ねこそが成長の糧《かて》になることを忘れず、毎日の仕事を頑張りましょう。

069

まず自らを省みること

足元を照らして顧《かえり》みるという四字熟語に「脚《きゃっ》下《か》照《しょう》顧《こ》」があります。身近なことに気を配り、自分を顧みる気持ちを忘れてはいけない。他に向かって悟りを追求せず、まず自分の本性をよく見て戒めなさいという意味です。

部下や後輩を持つと、上に立つ人間は指導役をまかされます。そんなとき、自分のいたらなさは棚にあげて、部下や後輩ばかりを注意していたのでは、誰もついてきてはくれないでしょう。

指導や注意をする以上、まずは自分がみんなの手本となるような人物でなければいけません。社会人の基礎である、身なりや言葉づかいがきちんとしているのは当たり前です。

しかし、残念なことに、キャリアを積んだことで余裕がうまれ、その余裕が気のゆるみにつながっている人も少なくありません。

「脚下照顧」。人を指導する前に、まず自分をきちんと顧みましょう。

自分を律することのできる上司は、あれこれ指導を与えなくても、背中を見せることで部下を成長させられるのです。

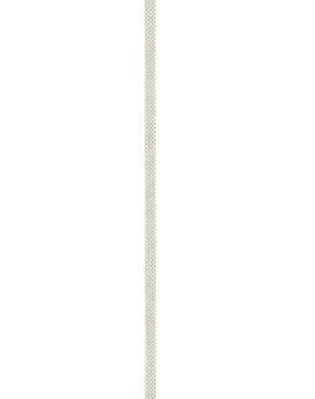

070

自分を演じるということ

「主人公」は、実は禅の言葉です。古代中国、瑞巌寺《ずいがんじ》の師彦《しげん》和尚は、毎日、「主人公」「はい」「しっかりと目を覚ましているか」「はい」「人に欺《あざむ》かれるなよ」「はい」と、自問自答していたそうです。まるで劇のワンシーンのようですが、とても大切な問いかけです。

たとえば、本来の自分はとてもやさしくて気が弱いけれど、部下にとって頼れる上司になるために、厳しく振る舞っているという方もいるでしょう。

自分自身の芯が一本通っていて、その役柄を楽しめていると、他のなりたい役柄にもすぐに切り替えられます。普段厳しい上司を演じている人も、部下の仕事ぶりをほめたいときには、やさしい笑顔で拍手を送ることもできるわけです。

しかし、自分を見失い、役柄に固執すると、身動きがとれなくなってしまいます。つねに厳しくしなければと気が張っていると、ほめるべきポイントも見えてこないでしょう。本来のやさしい自分はどこへやら、ただの近寄りがたい人になってしまいます。

みなさんも本来の自分を呼び覚ますために、一度「主人公」と自分に問いかけてみてください。するともっと自由に、「こうなりたい」と思う自分になれるはずです。

071

心の迷いを捨てれば、仕事に集中できる

「無念無想」とは、一切の心の迷いを捨てて、無心になりなさいという意味の禅の言葉です。

仕事をしているとき「今、何時だろう」「この仕事が終わったら、次は何をやろう」「早く休憩にならないかな」といった考えが、ふと頭をよぎることはありませんか。集中して仕事をしているつもりでも、どんどん別のことに頭がいってしまって、いつの間にか手が止まっていたという経験もあるでしょう。これこそ心に迷いがある状態です。

こうした雑念を捨てて、目の前のことに没頭すれば、仕事はもっと順調に進みます。気がついたら予定よりずっと早く、今日の仕事を終えていたということもあるでしょう。「時間が気になる」という雑念を捨てられれば、時計を確認する手間も、時間について考える時間も省けるというわけです。

初めにスケジュールを立てたら、今やるべきことだけに頭も体も向き合いましょう。分散していたパワーを集中させれば、今までにない力を発揮できるはずです。

072

失敗を恐れず、成功につなげていきましょう

「失敗は成功のもと」「七転び八起き」「しくじるは稽古のため」など、失敗にまつわるポジティブなことわざはいくつもあります。

しかし、仕事にすぐに取りかかれなかったり、すぐに行きづまってしまう人は、過去の失敗を引きずって、失敗を恐れてはいないでしょうか。失敗はもちろん良いことではありませんが、決して悪いだけではありません。

たとえば「発明王」と呼ばれるトーマス・エジソンは、「失敗」に関する数々の名言を残しています。

「私は失敗したことがない。1万通りの、うまく行かない方法を見つけただけだ」

「失敗ではない。それを誤りだと言ってはいけない。勉強したのだと言いなさい」

大切なのは、この前向きさです。

どうせ、やらなければならない仕事なら、失敗するかもと恐れてできないでいるよりも、何があっても勉強だと、即座に飛び込んだほうが良いに決まっています。そうして経験を重ねていけば、失敗への恐怖も次第に薄れていくものです。

073

助けを借りても、問題解決の力は身につかない

仕事で行きづまったとき、わからないことがあったとき、近くに先輩や上司がいれば声をかけてアドバイスをもらうことがあります。

もちろん、問題を一人で抱え込んで、事態を悪くするのは好ましくありませんが、まずは自分で何かできる方法はないか考えることも大切です。なぜなら、人に頼るクセがついてしまうと、自分自身で考える力が培われないからです。

「昆虫記」の著者として世界的に有名なファーブルは、次のような言葉を残しています。

「何か困った場合、みだりに助けを借りてはならない。助けを借りれば単に困難が避けられるだけである。忍耐と省察をもってすれば、困難を突き破ることができるだろう」

行き詰まったら、まずは自分で考えて、やっていることをもうひと工夫してみる。それでもダメなら、先輩や上司にヒントをもらう。そこで、もう一度考え試してみる。

そうした積み重ねは、一見、遠まわりで時間ばかりかかっているように見えますが、確実に自分の力になっていくはずです。

074

実力をつけるほど謙虚に

先日、バラエティ番組を見ていて気づいたことがありました。それは、あるお笑いタレントの態度が変わったことによる違和感です。そのタレントは、つい半年ほど前には駆け出しで、共演者たちにも気をつかい、言葉づかいもていねいでした。ところが、メディアへの露出が増えるのに比例して、態度が尊大になっているのです。

これは、私たちビジネスマンも気をつけねばならないことだと感じました。というのは、キャリアを積んで役職もあがり、部下の数が増えると、自分が偉い人間にでもなったように錯覚してしまうということです。

僧侶の荒了寛《あらりようかん》は、「おれは一流」などと思ったとき、まして言葉や態度に出したとき、その人の仕事も、人間としての値打もそこで終わる。そういう人間を三流、四流というのだと語っています。

「実るほど頭《こうべ》を垂れる稲穂かな」ということわざは、稲穂が熟すほどに垂れ下がるように、人間も学問や徳が深まれば謙虚になり、小さな器のものほど尊大にふるまうという意味です。昔の人の残した教えを、しっかり受け止めたいですね。

075

向上心を持って成功への山道を登り続ける

山登りをしたことのある人は経験済みかもしれませんが、登るのに3、4時間もかかっても、下りは1時間だったということがあるでしょう。

大相撲で大関まで昇りつめたというのに、一度黒星がついてからは負け越して降格ということもあります。勝ち続けるのは至難の業《わざ》。しかし、負けるのは簡単です。

それは仕事でもいえます。コツコツと名刺を交換し、コミュニケーションを密にとることで、多くの人脈を作り、営業成績もどんどん伸ばしていたとしても、確認作業を怠るなどして一度信頼を失ってしまったら、一気に顧客は離れてしまうでしょう。そして、その信頼を取り戻すのには、3倍か4倍か、あるいはそれ以上の苦労を伴います。

結果を出し続けることは、とても難しいものですが、決して不可能ではありません。そのためには向上心を持って、たゆまぬ努力をし続けることです。

現状に満足せず、もっと上を見ていたら、仕事に手を抜く暇もないでしょう。そして、毎日新しい気持ちで、成功への山道を登っていきましょう。

076

スランプという名前のゾーンに逃げ込まない

仕事をしていると、どうしても浮き沈みがあります。手抜きはしていないのに、なぜか成績が伸びない、仕事がうまくいかないなど、人それぞれでしょう。

そんなとき、人は「今、スランプなんだよね」とつぶやいたりします。すると、まわりの人も「そうか、今はスランプなんだね」と妙に納得したり……。

しかし、そう自分が感じ、まわりが認めた時点で、それはスランプという名のゾーンに逃げ込んだことにはなりませんか。

ちょっとしたミスも、以前ならば「気を引き締めなければ」と自分を戒める材料になったのに、「仕方ない。こういうこともあるさ。だって今はスランプなんだから」と思い、まわりも「スランプなんだから、大目に見てやるか」と、スランプを免罪符にしてしまうからです。

人間は一日の中でさえも、気持ちの浮き沈みがあります。仕事だって浮き沈みがあってしかりなのです。それをスランプのせいにするのではなく、どうすれば、そうした仕事のムラをなくせるかを考え、工夫することが大事なのです。

077

「お客様は検査員」と思いましょう

ある商品の展示会でのこと。一人の男性客が、そこに展示されている商品を隅から隅まで、視点を変え、光に透かし、今にも寝転んで見始めそうなくらい、念入りに見ていました。まわりの人が思わず見てしまうほどの様子です。

その人が立ち去った後、展示ブースにいた女性が小さな声で、「なんか検査しているみたいで嫌ね」「うん、あれは絶対にあらさがしよね。嫌な感じ」と、話しているのが聞こえました。

私は口にこそ出しませんでしたが、「それは違う」と思いました。

お客様は大切なお金を出して、商品を買い求めるわけです。今どき、お金があり余っている人は少ないですから、できるだけいいものを買いたい、少しでも長く使え、自分の気に入ったものを買いたいと思うのは当然です。

そして、そうした品を買うには、とにかく自分の目と手で確かめるしかありません。それだけ、商品購入に真剣に向き合っているというわけです。お客様は一番厳しい目を持った商品の検査員。そう考えて、私たちも自分の持ち場で最善を尽くしましょう。

078

執着心こそ、険しい道のりを耐え抜く力

成功の女神は、どんな人に微笑むと思いますか。

たとえば、難しい商談を抱えていたとします。成立すれば会社にとって大きな意味を持ちますが、だからこそ、プレッシャーも大きなもの。

しかも取引相手は、いくら資料を作って商談の場を設けても、なかなか首を縦に振ってくれません。もしかしたら、初めから契約する気はないのかもしれない。どうせ最後に断られるのなら、もう次の商談の準備も、やめてしまいたいと思うかもしれません。

しかし、そこが我慢のしどころ。たしかに、努力が目に見える形ですぐに報われないのはつらいものです。けれど、それを耐え抜いてつかんだ成功にこそ意味があります。

もし諦めて準備を怠れば、途端に相手も商談の価値なしと判断するでしょう。やっぱり断られたと思うかもしれませんが、その結果を自分が招いたことに気づかなければ、それ以上の成長はありません。

「絶対成功させるぞ」という熱意と執着心のもとで、あとひと踏ん張りを耐え抜ける者にこそ、成功の女神は微笑むのです。

079

他人の評価を求めず、自分が成長できる道を歩む

みなさんは、何をもって成功だと考えますか。会議で企画が通ったときでしょうか。売上が一番になったときでしょうか。そのとき、自分自身の成長を感じて、成功したと考えられるのなら良いのです。しかし、まわりからの評価を他人と比べ、他の人に勝ったから、自分は成功していると思うのなら、一度考えを改めてみてください。

まわりの評価ばかり気にかけていると、ときに自分自身がブレてしまいます。

たとえば、資料の作成などは、地道な努力が必要でありながら、完成させても誰かがほめてくれるような作業ではありません。また、いくら準備万端で取引の場に臨んでも、うまくいかない日もあるでしょう。

まわりからの評価を求めて働いていると、そうした努力が報われない仕事をしているのが、つらくなってしまいます。そしてすぐに投げ出したり、努力するのをやめてしまうと、ますます評価が得られなくなり、またやる気を失う悪循環に陥ってしまいます。

たとえ他人から評価されなくても、自分自身の成長は自分が一番よくわかるもの。だからこそ、その成長こそ成功だと、自分をほめてあげましょう。

080

日々の積み重ねが大きな力を生む

私の友人に「継続は力なり」を座右の銘にしている人がいます。

その友人は毎朝必ず1時間ウォーキングをしています。まだ新人のころ、営業がうまくいかずに、へとへとになっている彼に「営業の基本は体力だ」と先輩が勧めてくれたのです。

最初のうちは寝坊したり、すぐに疲れてしまって、1時間も歩けませんでした。しかし、それでも毎朝少しでも多くと思い、歩いているうちに、いつの間にか体力がつき、営業の成績も上がっていたのです。そして、「継続は力なり」という言葉の意味を実感しました。

反対に、もしまだ眠いから、疲れているからと、一日ぐらいサボってもいいやと考えていたら、体力をつけることはおろか、習慣にはならなかったでしょう。

今では朝のウォーキングをしないと気持ちが落ち着かないそうです。

「ローマは一日にして成らず」と言います。それが大きな事業であるほど、長い年月をかけた積み重ねが必要となってくるのです。

まずは目標を定めて、毎日地道な努力を重ねていきましょう。そうすれば、いつの間にか大きな力になっているはずです。

081

自分が納得できる仕事をしましょう

仕事に夢中で取り組んでいて、気がついたら、もう終業時間だったということはありませんか。目標を持って自分主体でやる仕事は楽しいし、早く進むものです。

でも、その反対はどうでしょう。たとえば、新商品の企画を考えていたとします。自分の中にはすでに案があり、取りかかろうとした矢先、先輩が親切で案を提供してくれたとします。自分の案を使って企画書を書けば、楽しく、しかも早くできるでしょう。しかし、先輩に気を使って、あるいは先輩にほめられたいと思って、案自体には納得していないまま、先輩の案の企画書を書いたら、どうでしょうか。時間がかかるうえに、たとえ完成させても、その企画が良いとは思えないはずです。

さらには、その企画が会議で評価されなかったら、先輩は案を台なしにされたと思うかもしれません。逆に、評価が良ければ、先輩からの評価も上がるでしょう。つまり、それほど人からの評価というのはあいまいで、不安定なものなのです。

他人の目を気にして評価に左右されるのではなく、自分が納得している道を歩みましょう。そのうえで良い評価を得られたほうが喜びも大きく、自信につながるはずです。

4章

コミュニケーションを円滑にする話

同僚、上司・部下、お客様……相手は誰にせよ、大切なのは円滑なコミュニケーションをとることです。

社内のコミュニケーション力が高いと、トラブルが発生したときにその発見も対応も早いので、大事にいたらずにすみます。そして、みんなが力を出し合うために結束力も高まります。

お客様とのコミュニケーションは、両者の心的距離を近くし、揺るがない信頼関係を結ぶのに役立ちます。

この章ではそんなヒントとなる話を集めてみました。できるだけ笑顔を心がけて話すと、よりいっそう効果的です。

082

過剰な敬語に注意しましょう

敬語はビジネスマンの公用語です。みなさんも日頃から、きちんとした言葉づかいを心がけているでしょう。

しかし、最近ちょっと気になっているのが過剰な敬語です。たとえば、先日行ったファミリーレストランで、「お客様、お名前をお書きになって、こちらでお座りになってお待ちください」と、言われました。ていねいな言い方なのかもしれませんが、「お客様」「お名前」「お書きになって」「お座りになって」と、「お」のオンパレードです。自分だったら舌を噛んでしまうでしょう。

敬語は使いすぎると慇懃無礼《いんぎんぶれい》な印象を与えてしまうので、できるだけシンプルなほうが聞き手の心に届くと、敬語の本で読んだことがあります。たしかに、先ほどの言い方なら、「お客様、名前を書いてこちらでお待ちください」と言ったほうが、すっと耳に入ってきますし、敬意もちゃんと伝わります。

「ていねいに越したことはない」という思いから、ついつい過剰な敬語になっていないか、あらためて日頃の言葉づかいを見直してみるのも大切かもしれません。

083

「目は口ほどに物を言う」を再確認

今どきは、いろいろな婚活パーティーや出会いの場がありますね。

そのなかでも私が面白いなぁと思ったのが、風邪や花粉予防に使うマスクをしたまま男女が集団お見合いをする、「マスクdeデート」というイベントです。マスクをすることで、相手を見た目で判断せず、内面を重視でき、ルックスに自信がない人や話下手の人でも、顔を隠すことで積極的になれるというのが、このイベントのセールスポイントです。

そこで気になったのが、「顔も見えない相手とお見合いが成立するのか」「マスクをとって興ざめしないのか」ということ。しかし、人間の印象の多くは目で決まるため、マスクを取ったからといってうまくいかないケースはないそうです。

「目は口ほどに物を言う」「目は心の鏡」などと言いますが、本当にそのとおりですね。私たちが仕事をするうえで、お客様、上司・部下、同僚としっかり目を見て話しているでしょうか。きょろきょろ落ち着かなかったり、下を向いたりしていないでしょうか。

目は想像以上に、その人の印象を大きく左右します。それをしっかり心に置いて、今日は良い「目力《めぢから》」を出せるよう、一日頑張りましょう。

084

「ハード」を「ハート」でカバーするということ

2016年にブラジルでオリンピックが開催されましたね。このリオ・オリンピックでは予算不足などもあり、開催前から会場の不備が問題視されていました。

実際、ふたをあけてみると、道路がガタガタだったり、案内板が不足していたり、車いす用のスロープの傾斜がきつすぎたり長すぎたりと、バリアフリーが充分とはいえない状況だったそうです。

しかし、多くの人は楽しく観覧できました。なぜなら、ボランティアスタッフのサポートが手厚かったからです。

困っている人にはすぐに駆け寄り、声をかける、そして必要な援助をする。つまり、ハード面の不足をハートが補ったというわけです。

これは、私たちの仕事にも置き換えて考えられます。

仕事をするうえで、何かが欠けていたり、足りなかったりということはしばしばあります。それを理由に「できない、うまくいかない」と諦めてしまいがちですが、欠けている部分は、人の力で補えばいいのではないでしょうか。マンパワーはもっとも柔軟で応用性のある力です。思いやりの心をもって、今日も一日頑張りましょう。

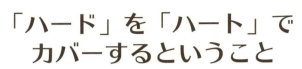

085

一歩外に出たら、すべてがお客様

先日、駅のホームでどこかの営業マンがスマホで通話をしていました。周囲が騒がしかったため、まるで怒鳴るような大声で話しているので、話の内容が手に取るようにわかりました。通話の相手は取引先なのでしょう、値段の折衝をしているのです。

まわりの人たちは知らん顔で通り過ぎていましたが、その中に、彼の会社と取引のある人がいたらどうでしょう。また、電話の相手がその状況を知ったらどうでしょう。驚きと怒りを感じるのではないでしょうか。

会社を一歩出れば、そこには誰がいるかわかりません。

そう考えれば、業務内容が筒抜けになるような通話を屋外でしたり、社名入りの封筒を見せながら、電車で居眠りやスマホゲームに興じることもできないはずです。

ずっと前になりますが、桂歌丸さんの落語を聞きに行ったことがあります。

その際、師匠が「私の商売はすべての方がお客様。だから、一歩外に出ると一切気がぬけない」と話していたのを今でも覚えています。そうした緊張感を私たちも持ち続けたいと思います。

086

実物を目で見て確認する大切さ

ある工事現場では、朝の打ち合わせを事務所の中ではなく、実際に作業する場所で行っています。

その理由を、「目で見て確認することで、作業工程の手順や問題点が見えてくるから」と担当者が語っていました。

たとえば、Aという機械をある場所に移動するとしましょう。

ところが、現場に行ってみると、Aを動かすにはBという機械が邪魔になることがわかりました。なので、作業工程はBを移動した後にAを移動ということになります。しかし、机上で伝達するだけでは、こうした問題点は見えてきません。

これは作業場だけではなく、さまざまなビジネスシーンでも活用できます。たとえば、「昨日の書類をコピーしておいて」「ファイルを部長に届けて」といった抽象的な言い方では、勘違いや間違いが起きやすくなります。

実際のものを見せて指示を出す、要件を伝えることで、より正確に仕事が進みます。指さし確認までとは言いませんが、現物を目で見て、確かめる大切さは再認識したいですね。

087

クレーム処理で、ピンチをチャンスに

先日、通販で組立式のハンガーラックを購入しましたが、取扱説明書どおりにやろうと思ってもうまくいきません。そこで、メーカーに電話をかけて聞くことにしました。電話を受けた人は、まず、私が説明することに決して言葉をはさまず、熱心に聞いてくれ、すべてを聞いたうえで適切な対処方法を教えてくれました。

結果として、私がきちんと取扱説明書を読めていないのが原因だったのですが、担当の女性は、「説明書がわかりづらくて申し訳ありません。今後の反省材料にさせていただきます」と言ったのです。

明らかに私のうっかりだったのにも関わらず、自分のほうにも何かしら落ち度があるという謙虚な対応は、心に響きました。

もちろん、やみくもに何もかも自分のせいだと言ってはいけませんが、組立ができずイライラする私の気持ちに寄り添うような対応は、素晴らしいの一言でした。おかげで、次もこの会社から何かを買おうという気持ちになったのです。

クレームはピンチ。しかし、そこで良い対応をすれば、次のビジネスチャンスにつながることを、私は身をもって感じました。

088

一通の「ありがとう」が次の一歩につながる

今では深い信頼関係で結ばれているA社の○○さんですが、実は3年前、わが社に飛び込み営業で来たことを、みなさんご存知でしょうか。

そのときは慌ただしくしていて、興味もなかったので、名刺交換だけしてお引き取り願ったのですが、その日のうちに○○さんから、一通のメールが届きました。

それは、忙しいなか自分のために時間を割いてくれたことに感謝するといった、いわゆるサンクスメールでした。

そのときはとくに何も思わなかったのですが、一年ほどたったころ、街でばったり○○さんとお会いし、「その節は」と挨拶をし、そこからおつき合いが始まりました。

もし、あの日、○○さんがメールをくれなかったら、街で会ってもとくに思い出すこともなかったでしょう。たった一通のメールですが、ていねいな対応が心のどこかに残っていたからだと思います。

営業先で相手が興味を示さなかったときでも、すぐに諦めてしまわず、次につなげていくことが大切。○○さんの姿勢には大いに学ぶところがあると思います。

089

一対一の打ち合わせで作業を効率化する

集中して仕事をしている際に、誰かから声をかけられると作業はストップしてしまいます。そして、再び集中するのに倍の時間を要してしまった経験、みなさんはありませんか。

もちろん、仕事はチームプレイですから、「集中しているから、今は話しかけないで」と断るわけにもいかないでしょう。会議室にこもって仕事をするという手もありますが、これは最終手段です。

では、どうしたら集中の途切れを最小限に抑えられるか。それは、一対一の打ち合わせを定期的に行うことです。つまり、急ぎでない用件はこのミーティングですませてしまうのです。

この打ち合わせにはポイントがあります。

話をする相手ごとにメモを作っておき、想定される質問事項や、伝えるべきことを箇条書きにしておきます。そうすることで、打ち合わせの際に伝達の漏れがなくなり、また、短時間で効率よくやりとりができるのです。

こうした時間のやりくりは、自分のためだけでなく、相手の時間も奪わずにすむため、一挙両得といえるでしょう。

090

部下を育てるということ

部下を育てるコツ。それはズバリ、上司が自分の背中を見せることだと思います。

先日、テレビで年商7000万円の農家レストランが紹介されていました。駅からも遠く、決して良い立地ではないのですが、お客様が絶えません。その秘訣は、地産地消で食の安全が守られていることや、ぬくもりのある家庭料理が人気なのかもしれません。でも、私が注目したのは経営者の仕事ぶりでした。

朝は誰よりも早く店に入り、下準備や従業員の飲むコーヒーをいれます。畑仕事で抜けたとしても、レジ締めのタイミングには必ず店に戻り、従業員とともに片づけをし、一日の疲れをねぎらうその姿は「いったい、いつ休んでいるんだろう」というほど。そんな社長の働きぶりに従業員は触発され、一人ひとりが店を繁盛させようという気力に満ち溢れていました。そのため、いつも活気にあふれ、お客様が絶えないのです。

子育ては親の背中を見せること。部下を育てるのも同じだと思います。私も、部下や後輩に恥ずかしくないよう、自分に厳しく仕事をしていきたいと思います。

091

ほめるところはいくらでもある

叩かれて伸びる人、ほめられて伸びる人、タイプはそれぞれです。しかし、叩かれて伸びる人も、叩かれっぱなしでは、へこんでしまうでしょう。ほめられることは人間にとって心地よい感情なので、人を育てるには、やはりほめることは外せません。

しかし、たまに「ほめてやりたいけれど、ほめるところが見つからない」と言う人がいます。よくよく話を聞いてみると、自分の価値観に縛られていたり、一方からしか物事を見ていないことが多いのです。

たとえば、見直しが多くて仕事に時間がかかるという人は、別の見方をすれば、失敗の少ないていねいな仕事をする人、という解釈もできます。叱られてもすぐにケロッとしている人は、ネガティブな気持ちを引きずらない切り替えの早い人と考えられます。

ほめようとして、一生懸命良いところを探そうとしても、自分の価値観という色眼鏡をかけたままでは見つけられません。

今見ている事柄を、ちょっとだけ角度を変えてみる。それだけで、新たな姿が見えてくるのです。

そう考えると、ほめる点はいくらでもあると思いませんか。

092

若い世代にどんどん教えてもらおう

「聞くは一時の恥、聞かぬは一生の恥」という言葉があります。「若いうちはなんでも勉強だから、恥ずかしがらずに聞きなさい」と、年代や立場が上の人ほど、このことわざをよく使う気がします。

しかし、私は立場が上の人ほど、若い世代にどんどん教えてもらいたいと思います。なかには、社会経験の少ない若手に習うことなどないと思っている人もいるかもしれませんが、生まれたときからパソコンや携帯電話があった世代は、我々に比べてはるかに機械を熟知しているというか、慣れ親しんでいます。そのぶん知識も豊富です。

先日も、あることで不便を感じていたら、若い子が「それならアプリでできますよ」と、ささささっとインストールの仕方を教えてくれました。とても便利です。

長く生きていればたくさんの知恵や知識はあります。しかし、世代が違えば、情報の入ってくるルートも違います。つまり、学ぶところは山ほどあるのです。

「若手に聞くなんて恥ずかしい」。それは時代遅れの考え方です。良いところは年代に関係なく、どんどん教えてもらいましょう。

093

注意も指示も手短に

２０１７年のサラリーマン川柳でノミネートされたものに、「手短に！　叱る上司の　愚痴長い」という作品がありました。

これを読んだとき、自分も似たようなことをやっているのではないかと、ハッとする思いでした。

私を含め、部下や後輩に何か注意する際に、今起きている問題点や解決案についてだけに焦点を当てればいいものを、過去の出来事なども引き合いに出して、長々と話してしまうことはよくあります。しかし、それは逆効果です。

なぜなら、長く叱られていると集中力が切れて、頭の中では反省より「早く終わらないかな」という気持ちが大きくなり、ひどくなると、何に叱られているかさえ、わからなくなってしまうそうです。

叱るのにはエネルギーが必要なのに、それが相手のためになっていないのなら、お互い良いことなしですね。

部下や後輩を持つ立場の者は、つねにそのことを念頭に置きながら部下を育てていきましょう。

094

結論を最初に話せば、安心して聞いてもらえる

私の知り合いはとにかく話が長くて、あることを説明するのに、一から十まで全部語るというか、それ以上ていねいに話してくれるのです。

時間があるときはいいのですが、急いでいるときは、ついつい「で、何が言いたいの?」「結論は?」と、せかしてしまうこともあります。

しかし、自分も振り返れば、そういった話し方をしているかもしれません。とくに、プロセスを大切にしているときなどは、そこにいたる経緯を延々と話しがちです。

こんなときは、まず結論を最初に話すと聞き手が安心すると、ビジネス書に書いてありました。

たとえば、「実は、A社さんとこの前、お会いして話したときにですね」と切り出すのではなく、「A社との価格交渉について知恵を貸してください」のように結論を言っておけば、そのあと続くプロセスも大切に聞いてもらえます。また、話が横道にそれたとしても、聞き手が「それは関係ないだろう」と修正できます。

熱い思いが胸にあると、つい自分本位で話をしがちですが、どうしたら相手が一番聞きやすいかを念頭に置くと時間を有効に使えます。

095

「さっきはごめん」と謝るときは

何度教えても同じ失敗を繰り返す、言われたとおりのことができない。こんなとき、部下に対してつい声を荒らげてしまったことはありませんか。そして、しばらくしてから、なんとなくバツが悪くて、「さっきはごめん」と謝ってしまう。そんな経験はないでしょうか。

部下を育てるのと、子育ては似ていると言われますが、叱った後に「ごめん」と謝られると、叱られたほうは「じゃあ、さっきのことはなんだったんだ？」と混乱してしまうそうです。

叱ったことは叱ったこと。それはきちんと守ってほしいけれど、声を荒らげたことには反省している。そんなときは、少しだけ言葉を足して、「さっきは感情的になって悪かった」「さっきは大きな声を出してすまなかった」という具合に、叱った内容について謝罪するのではなく、自分の態度に対して謝罪するといいでしょう。

このやりかたなら、前言撤回にはなりませんし、部下への思いやりが感じられるからです。さらに、立場に関係なく素直に反省を見せるその姿に、部下から厚い信頼が寄せられることでしょう。

096

「接待」は人気の店より お客様の好みを優先に

接待のだんどりをまかされたとき、みなさんは何をポイントに店選びをしていますか。

最近では、ネット上にお店の口コミがたくさん載っていて、たとえば、ぐるなび、ホットペッパー、食べログなどを閲覧すれば、「料理がさめていることが多い」「従業員が少なくてサービスが行き届いていない」「値段からは想像ができないほど料理が凝《こ》っていて美味」など、行った人でなければわからないことが書かれているので、大いに参考になるでしょう。

なかには、接待に向いている店ランキングなどもあり、本当に便利な世の中になったと思います。

ただ一つ、忘れてはならないのが、お客様の好みを最優先にしなくてはいけないということ。たとえ、旬の魚が味わえる雰囲気の良い店だとしても、肉料理が好きなお客様にとって、そこは良い店とはいえません。

接待はお客様のために設ける席です。そのことをつねに忘れず、だんどりをしましょう。

ネットで情報を探す前に、まずお客様がどんなものをお好みなのか、リサーチすることから始めるのが大事なのです。

097

「接待」の意味を考える

「接待」といえば、お客様を盛りあげ、太鼓持ちに徹する。とにかくお客様に気持ちよくなっていただくというイメージがあります。もちろん、そういう側面も大切ですが、それと同時に、接待はビジネスの場であることを忘れてはなりません。

ある本に、「接待の接の字は、お客様と接することを意味し、接待の待の字、つまり待つという字は、お客様がお金を払ってくださるのを待つ」ということだと書いてありました。

もう少しわかりやすく話すと、お客様と接することで、お客様がいずれ自分の会社にお金を落としてくれるための場。それが接待だというのです。

ですから、楽しい時間を過ごしていただきながらも、こちらが聞きたいことは上手に聞き出し、こちらがお願いしたいことはきちんと伝える。そして、互いの信頼関係や距離を縮めて、さらに良いビジネスパートナーとなれることを意識しなくてはいけません。

「接待は、形をかえたプレゼンテーション」と言う人もいます。今一度、接待の意味をよく考え、次のチャンスに臨みましょう。

098

部下の悩みを引き出すには

以前、新聞で興味深い記事を読みました。それは、給食嫌いの子どもに声をかけるとき、「今日は全部食べられた？」と聞いてはいけないというものでした。

その理由は、この声かけのしかたでは、「全部食べる」が前提になっているというか、全部食べることが良いことだという気持ちが働いているためです。給食嫌いの子どもが「○○を残した」と、素直に言えない環境を作ってしまうそうです。

この場合、どんな声かけがいいかというと、「今日はなに残した？」と聞けば、素直に答えてくれるとのこと。ちょっと面白いと思いませんか。

これは、ビジネスにも当てはめられるでしょう。

部下に「最近どう、うまくいってる？」と声をかける人は多いと思うのですが、これは「うまくいっているだろう」というプレッシャーを与えてしまいます。だからこそ、部下の悩みを引き出すのには、「困っていることがあったら、遠慮なく言ってね」のほうが有効です。

そうすれば部下も心を開いて、「実は……」と素直に相談に乗ってくれるかもしれませんね。

099

悪口をやめて良い点を口にすれば、職場は明るくなる

「悪事千里を走る」とは、悪い行いをすると口伝えでどんどん世間に知れ渡るという意味の言葉です。

職場でも、思い当たるふしはありませんか。

たとえば、Aさんが毎朝花瓶の水を取り替えていることを、他の課の人たちは知らないのに、そのAさんが会議で舟をこいだのを知っているなんてこともあるでしょう。

人間誰でも失敗はつきものです。本人も後悔して、深く反省しているのに、噂が広まり、さらに当人にまで聞こえてしまうというのはあまりに気の毒です。「人の噂も七十五日」とは言いますが、悪い噂をされている事実が、人を傷つけるのです。

同僚の噂話に花を咲かせている人は、自分もまた噂をされる立場にあると知りましょう。そして、悪い噂を流さないように気をつけましょう。

身近な人を話題にするときは、良いところを探しましょう。

Bさんはよく気がついて掃除をしてくれる。困っていたら先輩がすぐに声をかけてくれた。後輩の笑顔がいい……。そうした話題は職場を明るくして、絆をいっそう深めてくれます。

100

「女子力」はほめ言葉？

今日は「女子力」という言葉について、ちょっとお話させてください。

「女子力」は俗語なので言葉の意味はあいまいですが、おおむね女らしいとか可愛らしいとか、気が利くなどといったことでしょう。ですから、「女子力が高い」といえば、それは女性にとってほめ言葉になると私は思っていました。

ところが、ある女性が「女子力って、女らしさを押しつけられているみたいで嫌」と言っているのを聞きました。

たしかに、「女子力」という言葉の中には、世間が持つ女性のイメージが凝縮されています。しかし、女性といっても一人ひとり違うのですから、ひとくくりにされることに抵抗を覚える人もいるでしょう。

また、この時代、男だから女だからと分けて考えるのもナンセンスかもしれません。

もし、相手にほめるべきところがあったとしたら、男女関係なく、その人をストレートにほめるほうが心に届くのではないでしょうか。

世の中では多くの言葉が生み出され、風化していきます。新しい言葉に振りまわされないように、その意味をよく考えて使いたいですね。

101

誰でも「近ごろの若者」だったと受け入れる

新入社員が入って来るころには、「近ごろの若者は」という言葉を社内でよく聞く気がします。それでいて、新入社員が大学生や高校生を見て「近ごろの若い子は」と言っていたりするのですから、面白いものです。

実はこのフレーズ、古くは数千年前、古代エジプトの遺跡から発掘された書簡にも書かれていたそうです。日本では、かの有名な清少納言が「枕草子」の中で話題にしています。

思い返せば、若いころに言われたことがあるという人も、いるのではないでしょうか。昔からの、人間の口ぐせみたいなものなのでしょう。

わが身を振り返り、「近ごろの若者は」を否定的な意味で使わないことが一番ですが、もし口をついて出てしまったら、「若いころは同じことを言われていたけどね」なんてつけ足してみると、お互いに親近感がわくかもしれません。

世代は違えど、同じ会社で同じ道を歩む仲間です。歳が若いだけで軽んじたり、否定するのではなく、時代の違いを受け入れ、お互いに切磋琢磨していきましょう。

102

拍手で気持ちを伝えましょう

私が新人のころ、研修してくださった先輩はとても厳しい方でした。

しかしある日、私のプレゼンを見て、素晴らしかったと拍手してくれたのです。その出来事は私にとって、大きな自信につながりました。そしてあらためて、拍手というものの良さを痛感したのです。

たとえば演劇などで感動したときに、まわりが拍手をしている音を聴くと、いっそう気持ちが高まるでしょう。

こうした心理は、会社の仲間にはもちろん、お客様に対しても有効な手段だと思います。実際に、あるタイミングで、お客様に対して自分も拍手をしてみたのですが、想像していたより、ずっと喜んでくださいました。

拍手は耳から入る音と、目で見るアクションの両方があるので、よりいっそう効果があるのだと思います。

拍手は誰でもできるもの。声が小さい人も、気の利いたことが言えない人も、拍手なら簡単です。それで自分の気持ちが伝わり、相手も喜ぶのなら、拍手をしない手はありません。

ご清聴ありがとうございました。

ここで、拍手でもほしいところです。

103

「聞き上手」になれば好感度アップ

デキる営業マンの条件はなんだと思いますか。トーク術でしょうか。それとも、笑顔が素敵なことでしょうか。もちろんそれらも必要でしょうが、一番はズバリ、「聞き上手」であることです。

営業＝トークのイメージが強いので、聞くほうが重要というのは意外に思われるかもしれませんが、人は、自分の話を聞いてくれる人に心を許し、「良い人」と感じるものなのです。

聞き上手のコツは、「７割聞いて、３割話す」を意識すること。そして、話し手の気持ちにこちらの感情を合わせて、相づちを打つのがポイントです。楽しい話は楽しそうに、悲しい話は悲しい気持ちで聞きましょう。すると相手もますます気分が乗って、会話がはずむからです。

難しい話で相づちを打つのが難しいときには、「そうなんですか。勉強になります」と言えばたいてい乗り切れますし、相手の言葉を繰り返す、オウム返しの術も聞き上手の王道の技です。

ぜひ実践してみてください。

さらに、少しだけ体を乗り出すようにして相手の話に耳を傾けると、効果絶大です。

104

見送りの言葉にも心を込める

一度来店してくださったお客様には、二度三度と足を運んでいただき、ごひいきになっていただきたいですね。

そんな思いを込めて、「ありがとうございました」にプラスして「またお待ちしております」「また、お越しください」などと声をかける人は多いと思います。

ただし、これらのフレーズは定番すぎて、お客様の心に残りにくいのも事実です。誰にでも同じように言うセリフに、お客様はときめかないのです。

先日テレビで紹介された繁盛店では、「来週には春物が入るので、ぜひまた遊びに来てください」「次回は、お客様のお好みの品を仕入れておきますので、ぜひ見に来てください」などのように声をかけていました。

たしかに、「またのお越しを」と定型文のように言われるより、「またのぞいてみようかな」という気持ちにさせますね。

たくさんある中から当店を選んでくださったことに感謝し、「またこの店に来たい」と思ってもらえるよう、お見送りの言葉にも心を尽くしたいものですね。

105

より良い人間関係を押し進めましょう

「おはようございます」。みなさん、もっと元気な声が出るんじゃないですか。さぁ、おへその下の丹田《たんでん》に力を込めて、大きく息を吸って。もう一度、「おはようございます」。

元気いっぱいの挨拶をありがとうございました。

朝はまず、みなさんこの一言から始まりますね。明るい笑顔で交わす挨拶は気持ち良いものです。景気づけのようでもありますし、仕事モードに入る合図にも感じられます。

ところでこの「挨拶」という字、それぞれどんな意味があるか知っていますか。実は二つとも、「押す」という意味を持つ言葉で、みんなで押し進む様子を表します。

そこから転じて、人と出会ったり、別れたりするときの儀礼的な言葉や、おじぎなどの動作をさすようになったそうです。

つまり、「おはようございます」と挨拶をするとき、私たちは相手の背をそっと押してあげているのだとイメージできるのではないでしょうか。

そして、仕事中にも「お疲れ様です」など、挨拶を交わしあえば、大変な仕事も一緒になって、押し進めていくことができるのです。

106

「ヤマアラシのジレンマ」を乗り越えて、良い人間関係を築く

「ヤマアラシのジレンマ」を知っていますか。

寓話をもとに考えられた心理学用語で、トゲを持つヤマアラシは、一匹では寒いからお互いに温めあおうとするけれど、そのトゲゆえに、近づきたくても近づけない。離れたいけれど離れられない。そんな姿が、人間関係に似ているというのです。そうして離れたりくっついたりを繰り返すことで、人間もまた、ちょうど良い距離感に気づくことができるわけです。「当たらず障《さわ》らず」という慣用句もあるように、人間関係では、適当な距離を置くことが推奨されているようです。

しかし、仕事の場では、歯に衣着せぬ意見も必要です。

たとえば、同僚の新商品企画のプレゼンに対して、あまり良い出来ではないと思っているのに、「素晴らしかったよ」と言ってしまったら、どうでしょう。たいして良くない商品が、そのまま作られてしまうかもしれません。それで売れなかったら、お互いに不幸です。生産性を向上させるためにも、遠慮をしていてはいけません。

お互いに意見をぶつけあうことで、アイデアも人間関係も、より良いものになっていくのです。

107

一緒に食事をすると心的距離が近くなる

「あいつと俺は、同じ釜の飯を食った仲間だから信頼できる」などと言うと、古臭い人と思われるかもしれませんが、同じ釜でなくても、一緒にご飯を食べるというのは、人間の心理にとても良い影響を与えるのをご存知でしょうか。

それまでは、なんとなく話しにくかった上司や同僚と職場の飲み会をしたら、それ以来、話をしやすくなったという経験も多いのではないでしょうか。

人は食事をする際にはリラックスして、いつもとは違う素《す》の面が出ます。仕事中の顔とは違う一面に、緊張感が緩むのでしょう。

また、食べるという行為には、上下関係もありません。同じ場所で同じことをすることで、ぐっと心の距離が近くなるのです。

ですから、取引先のお客様とも、チャンスがあれば一緒に食事をしたら、どうでしょうか。

接待といった大げさなものではなく、打ち合わせの後に「一緒にお昼に行きませんか」、あるいは「軽くご飯でも食べながら打ち合わせをしましょうか」というのも、信頼感を高めるのには効果的かもしれません。

108

「オープンクエスチョン」でお客様との距離を近くする

人の親しさは、会話の量に比例するといいます。たとえ、どんな無駄話であっても、たくさん話した人には親しみが増すものです。

ビジネス書にも、お客様と話をする際、時間に余裕があれば、ちょっとした世間話から入るのが良いとあります。しかし、実際に初対面の人と会話をつなげていくのは簡単ではありません。

たとえば、「今日は暑かったですね」「ええ」「駅からここまで迷いませんでしたか?」「はい」。こんなふうに会話が続かない経験、誰にもあると思います。

実は会話が続かないのには、質問の仕方にも問題があるのです。

具体的には、「はい、いいえ」で答えられるような質問をクローズドクエスチョン、閉じた質問といいます。

しかし、「〇〇についてどう思われましたか?」のように、相手の考えや思いが話せるような質問をすれば会話は発展していきます。こうした質問の仕方をオープンクエスチョン、開いた質問と呼びます。

お客様との会話をもっと発展させたい場合は、ぜひこのオープンクエスチョンを使ってみましょう。

5章

覚えておくと得する話

この章の話材は、ジャンルやテーマもさまざまです。いわゆる雑学に近い話が多いのですが、こうした型にはまらない話ほど、お客様との会話などにもうまく生かせるのです。

たとえば、言葉の誤用です。当たり前に使っている言葉が、実はまったく違った意味だったなどということは、日本語の乱れが問題視されている昨今、珍しいことではありません。

「実は私、今まで知らなくて使ってたんですけれど」と、自分のこととして話を切り出せば、相手の興味を大いに引くことでしょう。

109

「頑張る」のに許可はいりません

ここのところ、よく「頑張らせていただきます」という言葉を耳にします。本人は謙虚さを表しているつもりかもしれませんが、なんとなく違和感を覚えませんか。

「頑張る」は決意を表す強い言葉です。「～させていただく」と言って、相手の許可は必要ありません。頑張るのは自分自身なのですから、「頑張ります！」と言い切ったほうが、強い意志を相手に伝えられるのではないでしょうか。

また、「頑張らせていただく」に似た言いまわしに、「頑張りたいと思います」というフレーズがあります。

せっかくの強い決意を、「～と思う」という言葉が打ち消してしまい、弱弱しいイメージだったり、どこか他人事《ひとごと》のようになってしまい残念です。

そのほかにも、「努力させていただく」「達成させていただく」「成功したいと思う」なども、決意が弱まって聞こえる言いまわしです。自分は使っていないか、今一度振り返る必要があるかもしれません。

110

やる気を出すには、まず一歩を踏み出すこと

「締め切りが近いのにやる気が出ない」「やらなきゃいけないのはわかっているのに、腰があがらない」。そうした経験は誰にでもあると思います。

やる気を出すまで、集中するまでは、自転車の漕ぎ出しと同じようにパワーが必要です。では、どうしたらそのパワーが出るのでしょうか。

答えは簡単。いやいやでも、とりあえずやってみるのです。

たとえば企画書を作るのなら、参考資料にパラパラと目を通す、企画案をざっくりメモしてみる、パソコンに「企画書」と打ち込んでみる。そうした小さな一歩こそ大事なのです。

実は、人は行動していないときには「やる気」が出ません。けれども、行動を起こすうちに徐々にやる気が出てきて、次第に集中できるのです。これは、「作業興奮」といって、心理学者のクレペリンが発見した脳の仕組みです。

面倒くさいことは、ついつい後まわしにしがちですが、「どっこいしょ」と最初の一歩を踏み出してみませんか。

111

自ら失敗を招こうとするのはなぜなのか

「セルフハンディキャッピング」という言葉をご存知ですか。これは、失敗しやすい状況に自らを追い込んでしまう心理のことです。

たとえば学生時代、試験前にかぎってマンガを読みたくなったり、音楽を聞きたくなった経験はありませんか。また、難しい仕事を始める前に「最近、体調がすぐれなくて」とか「忙しくて全然眠れてなくって」のように、本調子でないことをアピールした経験はないでしょうか。

これらの行動は、あえて失敗しやすい状況を作りだし、失敗しても仕方ない状況を周囲にアピールすることで、本当に失敗しても自分が傷つかないための防衛本能なのだそうです。セルフハンディキャッピングを常習的に使っている人は、いつまでたっても自分の力をそのまま受け入れられません。つまり、言い訳ばかりで成長がないのです。

「失敗は成功のもと」というように、失敗を恐れていて成功はあり得ません。ダメな理由を並べるのをやめて、成功できる理由を集めましょう。成功のイメージをふくらませることで、モチベーションはグーンとアップするのです。

112

不安への対処法を知っていますか

大きな仕事に臨むとき、しっかり準備しているにも関わらず、不安になることはありませんか。そんなとき、ついつい心配性の自分を責めてしまいがちですが、心配や不安が消せないのは、その人の性格だけでなく脳の特性だということを知っていますか。

実は、人間の脳というのは想像以上に根暗な性格で、過去を振り返らせれば後悔のネタを探し、先のことを考えさせれば不安や心配のネタを探し続けるものだと、心理学の専門家が話していました。

だからこそ、不安や心配が心の中で生まれても、「ああ、これは脳が勝手に探してきたんだな」と客観視するのがいいらしいのです。

また、不安に潰されてしまいそうなときは、目を閉じて川を思い浮かべ、不安を葉っぱに乗せて川に流すイメージを浮かべると、心が落ち着くそうです。一回やってダメなら繰り返しやります。

実際に治療の場面で使われている方法なので、「不安でたまらない」というときには、ぜひ使ってみてはいかがでしょうか。

113

瞑想が世界で注目されている

いま、瞑想が注目されています。日本人にとって瞑想といえば、まず座禅が思い浮かぶかもしれませんし、人によってはヨガの修行僧を想像するかもしれませんね。

解釈の違いにもよりますが、実は瞑想にはいろいろな種類があります。たった1分でできるもの、立ったままできるもの、祈りながらできるものなどさまざまです。

そして、どの瞑想にも、なにかしらの効果があることが科学的に証明されるようになりました。たとえば、ストレスの軽減、感情のコントロール、不眠症の解消、集中力、免疫力のアップなど、現代人にとってうれしいことがいっぱい。

スティーブ・ジョブズ、ビル・ゲイツといったビジネス界のトップリーダーも瞑想を実践していたことがきっかけでアメリカでブームが起き、それが世界へと広がっているのです。グーグル、ナイキ、アップル、インテル、ゴールドマン・サックスといった一流企業も、瞑想を研修や福利厚生として取り入れています。グーグルでは5万人いる社員のうち、5000人、つまり1割が瞑想の実践クラスに参加しているというのですから驚きです。

みなさんも、瞑想を日常生活に取り入れてみてはいかがでしょうか。

114

30秒間の瞑想体験を行ってみよう

瞑想が世界中で注目されているという話をしましたが、今朝はみなさんと一緒に30秒間の瞑想体験を行いたいと思います。

まず、肩を上にあげ、耳に近づけてストンと落とし、手足をぶらぶらさせて、体全体の無駄な力を抜いてください。そうしたら次に、目を閉じて、鼻から息を吸い込みます。もうこれ以上吸えないというところまできたら、今度は口をすぼめて、できるだけゆっくりと吐き切ってください。

これを繰り返しますが、呼吸だけに意識を集中させます。では、始めます。

……30秒間の瞑想。このとき、声を出してカウントしないように注意……。

はい、目を開けてください。30秒瞑想は終わりです。

今回は練習でしたが、このやり方なら、通勤時間やちょっとした息抜きのタイミングでも実践できますね。

心にも体にも良いことがいっぱいある瞑想。お金も道具も必要ないのがうれしいですね。

ぜひ、みなさんも個々人で瞑想の世界を深めていってください。

115

やるべきことは、書き出して目に見える場所に掲げる

仕事には波があって、一度にどっと作業をこなさなくてはならないときがあります。「あれもやらなきゃ、これもやらなきゃ」と考えると、何から手をつけていいかわからず、半ばパニックになる……そんな経験がみなさんもあると思います。

そんなときは、今、自分が何をしなくてはいけないのか、箇条書きで簡単に書き出すといいのです。

どんな小さな作業ももれなく書き、次に優先順位をつけて、さらに、その仕事を何時までに仕上げるかを書き込みます。仕事の時間割のようなものを想像するとわかりやすいかもしれません。

急ぎの仕事を頭にもってくるのは当然なのですが、それ以外は、短時間でできる仕事を先にすませます。そして、終わった仕事から横線を引いていくと、作業が確実に進んでいるのが可視化できるので、モチベーションが上がります。

また、一つひとつに終了目標時間が書かれているため、頑張ってその時間に仕上げようという気持ちがわいてくるのです。仕事が重なったときは、ぜひ試してください。

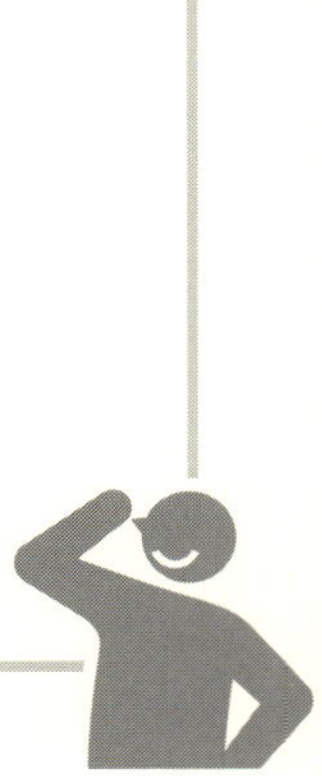

116

「すみません」を「ありがとう」に変えてみる

たとえば、誰かに何かをしてもらった、仕事を手伝ってもらったときなど、あなたはなんと言いますか。

「どうもすみませんでした」、または「申し訳ありませんでした」でしょうか。それとも、「どうもありがとうございました」でしょうか。

どちらの言葉も、相手へのいたわりや感謝が込められているとは思います。しかし、言われてポジティブな気持ちになるのは、「すみません」「申し訳ありません」ではなく、「ありがとう」なのではないでしょうか。

日本語は不思議なもので、「すみません」「申し訳ありません」という言葉は、感謝のシーンにも、謝罪のシーンにも使えます。感謝と謝罪は、「ありがとう」と「ごめんなさい」です。ホントは対極にあるのに、同じ意味に使えるのです。

その点、「ありがとう」は感謝のシーンのみに登場する言葉なので、言われるとあたたかな気持ちになれるのです。今日からは、意識して「ありがとう」を使ってみませんか。きっと職場が明るくなるはずです。

117

上手な文章を書きたいなら、レビューを読もう

企画書や報告書を書こうと思ってパソコンに向かったけれど、どうもうまく書き出せない。途中まで書いたけれど、伝えたいことがうまく表現できない。そんな悩みは多くの人が抱えていると思います。文章をうまく書けるようになるには、昔から言われているように、多くの書物に親しむこと。本をたくさん読めば自然に語彙《ごい》が増え、自分の気持ちを上手に表現できるようになるでしょう。

しかし、企画書を書く前に、「さて、文学全集を読むか」というわけにもいかないので、手っ取り早くうまく文章を書くのに、良い勉強場所があります。それは、一般の人が映画や本の感想を書き込める、レビューのページです。

そこには、映画や本のあらすじを要約したうえで感想を書く人もいれば、「この作品は○○に類似している」と指摘し、持論を発表する人もいます。数行のものもあれば、論文といえるような大作もあります。

しかし、「これは読みやすい」と思う人の文章はたいてい、こなれていてとても上手です。こうした感想のエッセンスを取り入れると、文章力はぐんと上がることでしょう。

118

印鑑を真っ直ぐ押すことで、責任に向き合いましょう

みなさんは、印鑑がなぜ丸い形をしているか知っていますか。

印鑑を押すときに、どちらが上かよく確認して、上下が逆になったり、斜めにならないように、そっと慎重に押すでしょう。すると、そこに「間《ま》」が生まれます。ほんのわずかな時間ですが、その「間」に、印鑑を押しても差し支えないものか、今一度考えるゆとりを持ちましょう、という意味合いがあるそうです。

だからこそ、逆さになっていたり、斜めになっていると、押した人がまるで確認していないとわかってしまい、誠意のなさを証明することになってしまうのです。

私たちが売っているのは、商品だけではありません。同時に、信用を売っているのです。そのため、一人ひとりがちゃんと会社を背負って、責任ある行動をしなければなりません。印鑑はたしかに同意し、認める意志を示します。どんな気持ちで押そうと、押された以上、その人の責任を背負って、印鑑は一人歩きを始めるのです。そのことを、押す前のわずかな「間」に考えてみてください。

まずは印鑑をまっすぐに押せるよう、よく確認してくださいね。

119

集中するためには適度な休憩も大切

早く片づけなければならない仕事があるのに、どうしても集中できず、結局ずるずると残業してしまうという人はいませんか。そうでなくとも、集中力が持続しないという悩みを抱いている方は多いと思います。

しかし集中力は、誰にでも限度があるのを知っていますか。

実は、人間が集中できる時間は最大で90分。つまり、会社にいるあいだ、ずっと集中し続けるのは不可能です。集中が続かなくなるのは仕方ないことなので、悩んでいる時間のほうがもったいないというわけですね。

集中力が切れたときに一番いけないのが、ダラダラと続けることです。いくらやっても、集中力が回復しないのは、みなさん経験済みでしょう。

そうしたときはスパッと作業をやめて、気分転換してみましょう。外の空気を吸う、トイレに立つ、同僚とたわいのない会話をするだけでも、良い切り替えになるはずです。

だからといって気分転換に集中、なんてことにはならないように気をつけてください。人間の集中力は、90分は維持することができるのですから。

120

元気が出ないときには日光浴を

なんとなく元気が出ないという日が、誰にもあると思います。

そんなときは、日光浴です。

外で遊びまわる子どもを、元気だなぁと思ったことはありませんか。実は元気の源でもある、通称「幸せホルモン」とも呼ばれるセロトニンは、日光を浴びると生成されます。子どもたちの元気の秘訣は日光だったのです。

裏を返せば、日光を浴びない生活をしていると、どんどん幸せホルモンは少なくなってしまうわけです。

日照時間が少なくなる秋からは、誰でも「冬季うつ病」になりやすいそうです。それほど日光は大切で、知らないうちに私たちの体に大きな影響を与えていたのです。

もちろん、冬場でなくとも、日光を浴びない生活をしていれば同じこと。誰でも鬱々としてしまうのは人間の体の仕組み上、仕方がないことなのです。

朝起きたら、カーテンを開けて日光を浴びてみましょう。そして、たまには昼休みにも外に出て、全身に陽の光を受けてみましょう。きっと気持ちも明るくなりますよ。

121

資料を作るときは見せ方に工夫を

みなさんはパワーポイントを使うとき、わかりやすく見せることを意識して資料を作っていますか。

以前、会議でパワーポイントを使ったプレゼンがありました。内容自体にさほど優劣はありませんでしたが、採用されたのは、一番わかりやすいと感じた発表でした。

使ったことがある方ならご存知でしょうが、パワーポイントにはいろいろな機能があります。文字の大きさや色を変えるのはもちろん、表示の仕方も選べるし、フェードアウトの仕方もさまざまです。資料を一枚一枚見せるだけでなく、アニメーションとして一種のエンターテイメントのように仕立て上げられます。

しかし、そうした機能は、多く盛り込めば良いというものではありません。文字すべてを違う色にしたり、一文ずつ動きの効果をつけると、何が一番伝えたい部分なのかがわかりません。それでは本末転倒です。

プレゼンの資料を作るときには、見る人の立場になってみましょう。まずはシンプルにです。そして、重要な部分だけを強調しましょう。

122

パソコン作業では万が一に備えましょう

パソコン作業をしていて、トイレに立ち、戻ってきたら画面が消えていた、という経験はありませんか。再起動できても、さっきまでやっていた仕事のデータが、どこにも見当たらないなんて経験がある人もいるかもしれません。

少しでも保存がしてあれば、データを復元することもできるでしょうが、いつ保存したかもわからないような状態では、取り返しがつきません。いざというときの被害を最小限に抑えるためには、データの小まめな保存が大切です。

たとえば、1ページ作成し終えたときや、30分に一回など、自分なりのタイミングを決めて、必ず保存するクセをつけましょう。そして、パソコンの目立つところに「すぐに保存！」と書いたフセンを貼っておいたり、同僚と保存をしたか確認し合うなど、忘れないための工夫もしておきましょう。

また万が一、パソコン自体が壊れてしまったときのためにも、外付けのハードディスクにバックアップしておくことも大切です。思い立ったが吉日。最近バックアップをとっていない人は今日やってみませんか。少し古いですが「いつやるの、今でしょ！」です。

123

適度なストレスで効率アップ

「ストレス」と聞けば、ネガティブな印象が強いのですが、実はストレスはあったほうが良いという研究結果があります。学習などの作業を行うときに、罰を与えるグループと与えないグループを比較すると、与えるグループのほうが作業効率が良いというもので、「ヤーキーズ・ドットソンの法則」といいます。

では、具体的にどんなふうにストレスを仕事に生かすのでしょうか。

たとえば、時間を決めずにだらだら仕事をするのではなく、「○時までに必ず仕上げる」「今日は、これとこれを確実に終わらせる」という具合に、自分自身に負荷をかけるのも、ストレスの上手な使い方でしょう。

ただし、過度なストレスは精神に良い作用を及ぼさないので、必要以上に負荷をかけないように注意が必要です。できもしない目標を設定し、結果として達成できなければ気持ちが落ち込むだけです。

人間は眠っている間もなにかしらのストレスを感じているというのですから、ストレスをなくそうとするより、いかにうまくつき合っていくかが大切なのです。

124

「ワーキングメモリ」を鍛えましょう

最近、次に何をやるべきだったか、忘れてしまっているなんてことはないでしょうか。「ボケが始まったのか」と不安に思う人も少なくないのですが、実は、こうした物忘れはボケとは別問題で、脳の中にある「ワーキングメモリ」という部分が関係しています。

ワーキングメモリとは、直訳すれば作業記憶。その名のとおり、作業をするための記憶です。ワーキングメモリという作業台は、作業記憶をたくさん乗せられますが、年をとると徐々に若いころのように作業記憶が乗らなくなります。そして、作業台に乗らなくなった分はこぼれ落ちて忘れてしまう。これが、「用事を忘れて困る」という症状の正体です。

でも、このワーキングメモリは鍛えることができるのです。

やり方は簡単。まずは人の話や本の内容などを意識して記憶しましょう。そして、時間をおいて思い出してみるのです。重要なのは、記憶するときに具体的なイメージと結びつけること。言葉だけで覚えるのではなく、映像を思い浮かべると、よりいっそう記憶に焼きつきます。そしてなにより、覚えたり思い出したりを楽しむことが大事です。楽しみながらワーキングメモリを鍛えて、物忘れを吹き飛ばしてみませんか。

125

「当たり前」を「ありがとう」に変えてみる

感謝の言葉は積極的に口にしたほうがいいと、よく言われています。相手が快く感じるというのはもちろんですが、「ありがとう」は、自分自身の幸せもアップする魔法の言葉だからです。

「ありがとう」の語源は「有難し」。あることが難しい、つまり、当たり前ではないという意味です。それが転じて、めったにない素晴らしいこと、感謝にたえないという意味で用いられるようになりました。

たとえば、私たちがこうして出勤しているのも、仕事ができるのも、健康であるからこそですね。そして、健康は決して当たり前ではありません。「有難いこと」なのです。

そんなふうに考えれば、いろんなシーンで「ありがとう」をもっと使いたくなるのではありませんか。たとえば「すみません」や「どうも」程度ですませていたところを「ありがとう」や「助かりました」に変えれば、対人関係はどんどん良くなるでしょう。

今日も一日、魔法の言葉「ありがとう」を、どんどん使っていきましょう。

ご清聴、「ありがとう」ございました。

126

ハーブティーでリフレッシュ

ストレスが蓄積されて、集中力が落ちることがあります。早く終えなくてはならない仕事なのに、イライラしていっこうに進まない。そんなときは、無理に机にしがみついていても仕方ありません。いったん席を立ち、深呼吸してみましょう。それだけでも、イライラ解消に効果があります。

また、ストレス解消にハーブティーを使う人が増えています。ハーブなどというと「若い女性」というイメージが強いのですが、イギリスでは古くからハーブを医療に用いていますし、さまざまな効果が期待できるのです。

頭をリフレッシュしたいときはペパーミントやレモングラス、リラックスしたいときにはカモミール、不安解消にはシナモンが良いとされています。

最近は、男性でもハーブにはまる人が増えていて、ショップも増えています。また、手軽に使えるティーバッグもさまざまな種類が売られているので、一度試してみてはいかがでしょうか。ちなみに私のお気に入りはジャスミンで、疲れた心をリラックスさせてくれる効果があります。

127

「早起きは三文の徳」を体感しましょう

朝の1時間は、夜の3時間にも4時間にも匹敵すると言われています。

もともと人間には、太陽が昇るとともに目覚め、日が沈むと眠るという朝型の生体リズムがあります。電気が発明されて以来、夜型の生活にかたよってしまっている人も多いでしょうが、太陽とともに活動する生体リズムは、原始時代から長い年月をかけて培われたもの。一朝一夕には変わりません。「早起きは三文の徳」とも言うように、1時間、早く起きるだけでも良い効果が得られます。

とくに早朝は、ドーパミンとアドレナリンが一日でもっとも多く分泌されています。やる気や集中力、記憶力がアップするのは、この二つの神経伝達物質の効果です。そのため早朝に勉強したり、仕事をするのは効率的だというわけです。また、瞑想をしたり、運動をするのもオススメの過ごし方です。

そして、出勤時間も少しだけ早めてみると、通勤ラッシュを避けられたり、余裕をもって仕事を始められたり、そうした姿勢がやる気ありとまわりに認められたりと、いいことずくめ。ぜひ明日から、1時間早起きをめざしてみてください。

128

禅の心に学ぶ「調身・調息・調心」

デスクワークをしていて、目がかすんだり、集中できないときはありませんか。その原因は、姿勢にあるかもしれません。背中が丸くなっていたり、頭だけ前に突き出してはいないでしょうか。悪い姿勢は万病のもと。そうしたときこそ、坐禅です。

とはいえ、会社内で坐禅ができる場所はそうありません。そのため、まずは坐禅の基本を取り入れてみましょう。

坐禅には三つの基本があります。姿勢を整える「調身」、呼吸を整える「調息」、そして心を整える「調心」です。

お尻をグイッと後ろに引いて、深く椅子に腰かけましょう。すると骨盤が立つので、自然と背骨も本来のS字型になり、背筋が無理なく伸びます。

姿勢を正すと、呼吸も前より楽になるはずです。そうしたら、おへその下の丹田《たんでん》を意識しながら、ゆっくりと鼻から息を吸い込み、口からゆっくりと吐き出してみましょう。

そうした深く穏やかな呼吸を繰り返していくうちに、心も穏やかになり、頭もスッキリしてくるはずです。

129

右脳と左脳をバランスよく鍛えよう

私たちの脳は右脳と左脳に分かれていて、二つの脳が別々の働きをしていることは、みなさんもご存知のことと思います。

左脳は理論的な思考を受け持っているといわれ、読む・書く・計算するなどが左脳の仕事です。

対する右脳は、直感やひらめきなど全体的な情報処理を受け持っていて、歌を歌ったり絵を描いたりするのは右脳の仕事。研究開発などは、右脳の働きが重要になります。

つまり、仕事をするうえでは、右脳も左脳もバランスよく使うことが求められるのです。

では、どうやって両方の脳をバランスよく使うのか。

それには、日常生活のちょっとした工夫がトレーニングになります。

たとえば、利き手と反対の手を使うと脳に刺激が行き、右脳と左脳の交流が活発化します。また、電話をあてる耳を反対にする、両腕をぐるぐると後ろまわしにする、あみだくじを作って指でたどるといった動作も左右の脳を使うため、脳の活性化に有効だそうです。

一度トライしてみましょう。

130

本当のエキスパートとは

どの分野にも必ずいるのがエキスパート。そういう人に出会うと、「よほどこの仕事に向いていたんだな」「もともと才能があったんだろうな」と思ってしまいます。

しかし、よくよく話を聞いてみると、苦手なことを克服しようと頑張っているうちに、この仕事が面白くなってきたとか、不向きだからこそ頑張ってここまできた、といったことをよく耳にします。

エキスパートについて、ノーベル物理学賞を受賞したニールス・ボーアが、こんな言葉を残しています。

「エキスパートとは、ごくかぎられた分野で、ありとあらゆる間違いをすべて経験した人物である」

その道で、群を抜いて素晴らしい技術や知識を持っている人がエキスパートですから、「失敗」などといった言葉とは無縁に感じられますが、多くの失敗にへこたれず、それを乗り越えたからこそ本物と呼ばれるのでしょう。

失敗にめげそうになったときには、ぜひ思い出したい金言です。

131

失敗しても、そこからどう発展させるかが大事

失敗は誰にとっても嫌なものです。とくに、部下や後輩に自分の失敗は見られたくない、誰でもそんな気持ちがあるのではないでしょうか。しかし、失敗したときこそ、上司の腕の見せどころ。どう立て直していくかを見せることが、なにより大事なのです。

マイクロソフトの創立者であるビル・ゲイツは、こんな言葉を残しています。

「失敗にどう対処するかで、会社が社員の良い発想や才能をどれだけ引き出し、変化に対応していけるかがわかる」

たしかに、失敗があるからこそ、必死に善後策を考え、なんとか少しでも良い状況に持っていこうと必死になるものです。火事場の馬鹿力という言葉のとおり、逆境に立ったときのほうが人間は実力を発揮するのかもしれません。

また、失敗の有用性について、サッカーのワールドカップ元日本代表監督、フィリップ・トルシエは「失敗したからといって、それでダメということはない。失敗から学ぶことは必ずあり、成長の糧《かて》になる。失敗も人生の大切な一部だ」と語っています。

失敗は、そこで終わらせず、そこからどう発展させるかが大事なのです。

132

ピンチをどうとらえるか

たとえば、ライバル社との火花を散らすようなプレゼンを控えているとしましょう。そのとき、「もう考えただけで胃が痛くなって、食欲もわかない。できることなら逃げ出したい」と青息吐息の人もいれば、「闘志がみなぎって、いてもたってもいられない気分。絶対に相手を倒してやる！」と、鼻息が荒くなる人もいます。

置かれているのは同じ状況なのに、感じ方は正反対ですね。

アメリカの心理学者マーティン・セリグマン博士は、「楽観や悲観とは、成功や失敗を自分自身がどう解釈するかにある」という言葉を残しています。

もう少しわかりやすく言うなら、物事を悲観的に考える人は「失敗したらもう終わり」と諦めてしまいますが、楽観主義者は「これは自分に与えられた試練。たとえ失敗しても、次の成功のためのステップだ」というように考えます。つまり、ピンチのとらえ方がまるで違うのです。

なにごとも前向きにとらえるのが良いとはかぎりませんが、立ちはだかる壁を恐れていては決して越えられません。失敗を恐れず、アタックする精神が大切なのだと思います。

133

二つのことを同時に進行させる利点

　作家の村上春樹さんは、原稿執筆と並行して翻訳の仕事をすると、新聞か何かで読んだことがあります。そのときは、「難しい仕事を同時進行させるなんて、やっぱり才能のある人は違うなぁ。村上春樹だからできるんだろうな」と感心したものですが、最近、ある心理学の本を読んでみると、同時進行で仕事を進めることには、私たち一般人にとっても利点があることがわかりました。

　作業効率を上げるには、一つひとつ仕事を終わらせていくという方法が良いとされています。しかし、一つの仕事だけをやっていて、それが行きづまったら、すべてがストップしますが、同時進行の仕事があれば、そちらをやることで仕事は止まりません。

　また、別の仕事をすることで脳がリラックスし、行きづまっていた仕事の解決策も見つかりやすくなるとか。

　もちろん、三つも四つも同時進行させて、どれも中途半端に終わってしまうのでは本末転倒ですが、主軸の仕事と並行して、何かあったときにこちらをやろうという仕事を持っておくのは大切かもしれませんね。

134

可能性を見る目を養おう

マーケティングの研修会などでもおなじみの話ですが、今朝は、アフリカに靴を売りにいった二人のセールスマン、ＡとＢの話をさせてください。

ＡとＢがセールスに訪れた町では、現地の人が一人も靴を履いていませんでした。

そこで、Ａが導き出した答えは、「この土地の人は靴を履くという習慣がありません。したがって靴は売れません」。

一方、Ｂが導き出した答えは、「やった。誰も靴を履いていない。ということは、我々の靴がどんどん売れる」というものでした。

見ている対象は同じなのに、感じ方は正反対。面白いと思いませんか。

私たちは、物やサービスを売っていくなかで、無意識のうちに可能性から目を背けているかもしれません。「これは無理」「売れっこない」。それは経験則から生まれる答えかもしれませんが、自分の価値観が大きく影響していることも忘れてはなりません。

自分の考えは、お客様の考え方と同じとはかぎりません。まずは疑ってみることも大事です。そして、希望のある可能性を積極的に見る目を養いたいものです。

135

世界最短のプレゼンに学ぼう

「エレベーターピッチ」という言葉をご存知ですか。これは、ＩＴ企業の聖地とも呼ばれる、アメリカのシリコンバレーで生まれた言葉です。

エレベーターは、そのまま乗り物のエレベーターで、ピッチとは説明するという意味。これを合わせると、エレベーターで乗り合わせた相手に、たった30秒ほどで自社のサービスや自分自身を説明して売り込む、という意味の語になります。

シリコンバレーにはＩＴベンチャーがひしめいていて、一獲千金を夢見る起業家たちが、投資をもとめて押し寄せてきます。投資家は忙しいので、アポイントを取って時間を割いて話を聞いてくれるほど甘くありません。そこで、同じエレベーターに乗り込み、その短い時間を利用して売り込みをするのがエレベーターピッチなのです。

忙しい相手に、短時間でシンプルでわかりやすく自分の思いを伝える。この技術は、私たちの日頃の仕事にも大いに役立つでしょう。お客様や上司に何かを伝える際には、あらかじめ要点をまとめ、極端な話、30秒で伝わるように内容を構成してみましょう。今まで長い時間をかけて説明してきたことが、嘘のように思えるに違いありません。

6章

経営の先達の名言に学ぶ

経営者として名をはせた人たちの中で、失敗や努力なくして成功を収めた人はいません。打ちのめされ、挫折しそうになっても立ち上がり、どんな逆風のときにも進むことを諦めませんでした。

そんな先人たちの言葉には、私たちが学ぶべきエッセンスがぎっしり詰まっています。短い言葉で大切なことがストレートに伝えられるので、朝礼のネタにはピッタリ。

また、逆転の発想や意外な着眼点など、仕事のヒントになる話題も満載です。

明日に期待するということ

セブン＆アイ・ホールディングス会長兼ＣＥＯをしていた鈴木敏文氏は大学卒業後、就職するつもりの出版社が採用を取りやめたため、書籍や雑誌の問屋的存在の東京出版販売（現在のトーハン）に入社。広報部時代に、無料配布されていた「新刊ニュース」に読み物ページを加えて有料化し、５０００部だった発行部数を13万部以上に急増させました。

やがて異業種のイトーヨーカ堂に転職。39歳のときにコンビニエンスストアという事業があると知り、アメリカのセブンイレブンからフランチャイズ権を得ました。そして１９７４年、東京に第1号店をオープン。コンビニ文化は、ここからスタートしたのです。

「もし私があこがれの会社に入り、しがみつこうとどこかで思ったら、コンビニ事業など考えもしなかったでしょう」

当時のことを、このように話しています。

鈴木敏文氏の場合、やむを得ない進路変更が意外な結果につながり、成功へと導かれたのです。今がダメだから、将来もダメということは絶対にありません。「人間万事塞翁が馬」という言葉をかみしめたいものです。

137

「いいと思ったもの」を伝えましょう

テレビ通販といえば、独特のハイトーンボイスでおなじみのジャパネットたかたの創業者・高田明氏を思い浮かべる人も多いでしょう。一代でテレビ通販事業のトップに躍り出たのですから、本当に驚かされる経営手腕です。

きっかけは、知人に頼まれてラジオショッピングに出演したことでした。反響はものすごく、それまでの一か月分の売上げ記録を、なんと一日で達成したそうです。それを機に通信販売事業に進出して、一躍、お茶の間の人気者になりました。

高田氏の信条は「自分が良いと思ったものだけを人に伝えること」。つまり、自分が本当に良いと思って惚れ込んだ商品でないと、人に勧める言葉にも嘘がまじり、説得力のある営業ができないというわけです。

もし、営業に行きづまったり、スランプに陥ったりしたときは、原点に戻って、商品について再確認することが必要かもしれませんね。

自分が自信を持って商品を語ることができれば、自然に営業の方法も変わっていくでしょう。

138

「あなたを儲けさせる」という姿勢がすべての基本

「おねだん以上　ニトリ」のＣＭで有名になったのが、家具・インテリア小売会社のニトリです。海外原材料の仕入から現地生産、店舗販売までをほぼ自社で行って低価格化を実現させました。地元の北海道経済の中でも驚異的な業績を記録しています。

ニトリ創業者の似鳥昭雄氏はなかなかに雄弁で、数多くの名言を残しています。その大半はお客様への奉仕の心を語ったものです。たとえば、氏の座右の銘ともいえるのが、

「相手に儲けてもらう。それが生きがい、ロマン、志」

という言葉。やはり奉仕の思いを表現したものだそうです。

「あなたにとって得になる、あなたを儲けさせるという姿勢がすべての基本だ。企業が過当競争の果てに潰れても、それが顧客のメリットになるならいいではないか」

とも語るのです。なんとも思いきった経営理念ではありませんか。

でも、この〝相手を儲けさせる〟という気持ちこそ、ニトリが支持される理由なのかもしれません。

139

頑張って働くことは自分への先行投資です

２０００年頃から、ほぼ同時期に起業して成功を収めた起業家の代表が、ライブドア元代表取締役の堀江貴文氏や楽天の三木谷浩史氏です。そして、サイバーエージェント社長の藤田晋《すすむ》氏もその一人です。

インターネットビジネスの営業代行からスタートして急成長した藤田氏ですが、あるとき、事業を興した動機を聞かれて、こう答えました。

「贅沢なものが欲しいわけではなく、物欲はなかったけれど、カッコよく生きたいと思った。カッコよく生きるとしたら、起業家になって世の中を動かしたかった」

なんと史上最年少の26歳で東証マザーズ上場を果たしたのですが、つねに「今、頑張らなければ、いつ頑張る」と全力投球を心がけているそうです。

「死ぬほど頑張って働くことは未来の自分への先行投資」という藤田氏の言葉を聞くと、何かといえばグチばかりこぼしている毎日を、しっかり反省しなければいけないと思わされます。

「玉磨かざれば光なし」。今日も一日、自分という玉をしっかり磨きましょう。

140

歴史を踏まえたうえで新しい価値を提供する

「居酒屋の友」といえばホッピーでしょうか。いまや全国どんなところでもお目にかかるようになりました。そのホッピービバレッジの社長は女性です。

石渡《いしわたり》美奈氏は東京で生まれ、祖父はビール風味の清涼飲料水「ホッピー」の開発者・石渡秀《ひで》氏、父の石渡光一氏はホッピービバレッジの社長でした。

大学を卒業すると、大手食品メーカーに入社。父親の会社に世話になるつもりはなかったのですが、規制緩和によってホッピービバレッジでもビールが作れるようになり、入社を決意したそうです。

「過去をすべて否定する必要はない。歴史を踏まえたうえで新しい価値を提供することが大切なんです」と美奈氏は語ります。

悪しき伝統や旧態依然とした風習は改めるべきですが、すべての歴史にノーと言うのは間違いです。なぜなら、お客様の中には「歴史があるからこそ買っている」という人も多いからです。

また、長く愛されてきたものには、愛される理由が必ずあるのです。良き歴史を大切にしながら、その上に新しい芽を育んでいきたいものです。

141

天職について考えましょう

「山あり谷あり」という言葉がピッタリの人がいます。シダックス創業者の志太《しだ》勤《つとむ》氏は高校3年のときに親戚からドライブインレストランを譲り受け、高校に通いながら営業を続けました。ところが、バイパス道路が開通するとお客が減り、あっという間にレストランは閉店。次にアイスキャンディの製造・販売にチャレンジして大当たりしましたが、静岡県最大の工場を建設した翌年に工場が全焼。莫大な借金だけが残りました。

志太氏は上京して知人を訪ね歩き、給食サービスの仕事を得ました。そして、1965年に富士食品工業を設立して社長に。「いろいろあったが、飲食業こそ自分の天職」と思えるようになってからは強く、その後、富士食品工業はシダックスとなり、大企業へと成長したのです。

「自分の仕事が天職だと思えるようになると、使命感が湧き、本当に強くなる」は、その志太氏の言葉です。

現在の仕事が好きになれない人がいます。でも、途中で投げ出しては、今までの努力が無になります。天職というのは、自分が望んでいるものではなく、自分が今、ついている職業ではないか……。このような目で仕事を見ることも大切だと思います。

142

大きなチャレンジは、石橋を叩いて渡るように

山に登る人、ハイキングをする人なら、「モンベル」を知らない人はいないでしょう。そのモンベルの創業者の辰野勇氏の話です。

１９６９年、岳友とともに日本人二番目となるヨーロッパアルプスのアイガー北壁登頂に成功。続いてマッターホルン北壁の登頂にも成功。登山用品を扱う商社や小売店に勤めながら、１９７０年に日本初のロッククライミングスクールを開校。28歳の誕生日には、登山用品店のモンベル（「美しい山」という意味）を創業しました。

登山家や冒険家と聞くと、命知らずという印象を持つ人もいるでしょう。でも、辰野氏は「登山家はとても恐がり」だと言います。それは、彼らの用意周到さにも表れています。

登山家は、たとえ雲ひとつない天気でも雨具を用意し、一泊で帰ってこられる場所へ行くのにも二日分、三日分の食料を持っていく。「備えあれば憂いなし」という言葉を忠実に守り、決して冒険をしないそうです。

準備をしないで未開の地へ挑めば、失敗の可能性は確実に高くなります。大きなチャレンジをするには、「石橋を叩いて渡る」慎重さと臆病さが求められるのです。

143

良い意見なら誰のものでも受け入れましょう

ディー・エヌ・エーといえば「モバゲータウン」などのインターネットサイトを運営する日本屈指のＩＴ企業です。この会社を創業したのは、当時37歳の南場智子《ともこ》さん。起業をめざす女性からは、あこがれの先輩として注目を集めています。

津田塾大学卒業後、米国留学。その後、マッキンゼーの日本法人に入社しながらハーバード大学でＭＢＡを取得したというビジネスエリートで、インターネットオークションのビッダーズ、携帯電話ゲームサイトのモバゲータウンなどを立ち上げて成功に導いた実績は、高く評価されています。

しかし、創業当時は社員が３人という小さな所帯で、業績も伸び悩んでいたと言います。当時は、経営に自信が持てず臆病になっていたそうですが、あるとき「良い意見なら誰のものでも受け入れよう。大事なのは誰が言ったかではなく、何をするかだ」と決めてからは、目の前が開けるように明るくなったそうです。

形式や肩書にこだわるより、「モノの本質にきっちり向き合う姿勢が大事」という南部さんの素直な気持ちが、企業の可能性を開いたのかもしれません。

144

チャレンジすれば成功の道が拓ける

人間の心理として、チャレンジして失敗したときの後悔よりも、チャレンジをしなかったために失ったことへの後悔のほうが、強く残るのを知っていますか。

価格比較サイト「価格ドットコム」を運営する、カカクコム取締役の田中実氏は、人が手をつけていない分野にチャレンジする「攻め」のビジネススタイルで成功を収めました。コンピュータ関連商品にはじまり、今では保険やコスメ、賃貸物件にまで手を広げています。

なかには失敗したビジネスもありますが、「0勝0敗よりも10勝10敗のほうがいい」という基本姿勢を貫き続けています。それは、チャレンジしないほうが後悔することを、よく知っているからでしょう。

チャレンジすれば経験を積むことができて、スキルも身につきます。ときには失敗もするでしょうが、チャレンジしなかった場合よりも後悔はなく、そのうえノウハウを得られるのですから一石二鳥ではありませんか。

失敗を恐れたり、経験やスキルがないことを言い訳にせず、まずは果敢にチャレンジしてみましょう。

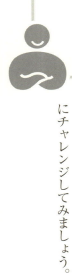

145

ノウハウは実践してこそ身につきます

「ノウハウがない」「スキルがない」。そうした理由から挑戦を諦めてしまった経験はありませんか。しかし、実践してみなければ、いつまでたってもノウハウもスキルも身につきません。

レンタルビデオや書籍販売を手掛ける「ＴＳＵＴＡＹＡ」の社長・増田宗昭氏は、ツタヤを全国展開させるかたわら、アメリカで知ったＣＳ放送の素晴らしさに衝撃を受け、日本でも広めようと、アメリカのディレクＴＶ、松下電器などと共同出資をして「ディレクＴＶ」を設立しました。

ところが、この事業は失敗。業績不振により増田氏は社長を解任されました。でも、増田氏は「あの体験があったからこそ今の僕がある」と語り、その苦い体験をバネに、ＴＳＵＴＡＹＡの母体であるカルチュア・コンビニエンス・クラブを東証マザーズに上場。日本最大のビデオレンタルチェーンに育て上げたのです。

失敗であれ成功であれ、ノウハウは実践からしか生まれません。そして失敗を成功の肥やしにすることが大事なのだと、増田氏のエピソードは教えてくれます。

146

後悔したら、新たなスタートのタイミングと切り替えましょう

子どもの職業・社会体験施設として人気を博している「キッザニア東京」。この施設をオープンさせたのは、キッズシティージャパン社長の住《すみ》谷栄《たにえい》之《の》資《すけ》氏です。終戦の2年前に生まれた住谷氏は大学卒業後、日本全国で宿泊やリゾート施設を展開する藤田観光に入社し、3年目にして香川県直島《なおしま》の開発プロジェクトに抜擢されます。

しかし、その翌年には大学時代の先輩に誘われて脱サラ。3年後にケンタッキー・フライド・チキン六本木店をオープンさせたのを機に、「トニーローマ」「ハードロックカフェ」「カプリチョーザ」など海外で人気のレストランチェーンのライセンスを次々に取得し、2003年に退職。その後、メキシコで子どもの職業体験施設があるのを知り、2006年にキッザニア東京をオープンさせたのです。

こうして結果だけを記すと、順風満帆、失敗のない人生に見えますが、住谷氏は毎晩、布団の中で「自分の判断は正しかっただろうか」と悩んでいたとか。ただし、ミスや後悔を引きずるのではなく、失敗を取り戻す努力にエネルギーを使ったそうです。成功の陰にはこうした思いがあることを、私たちも見逃してはいけませんね。

常識を疑うところにビジネスチャンスあり

今でこそ、セキュリティにお金を払うのは当たり前になりましたが、ひと昔前の日本では、「水と安全はタダで手に入るもの」と考えられていました。

セコムの前身である日本警備保障を飯田亮《まこと》氏が立ち上げたのは１９６２年。当時は安全にお金を払う人などいませんでしたから、苦しい経営が続きました。

しかし、１９６４年の東京オリンピックの警備を一手に引き受けたことが追い風となり、知名度と信用が急上昇。また、オリンピックの翌年に放映が開始された人気ドラマ「ザ・ガードマン」が、日本警備保障をモデルに作られたこともあり、会社の信頼度と売上げは伸び続けました。

１９７８年には東証一部に上場。その後、社名をセコムに変更し、現在では売上げ７０００億円、従業員数１万３０００人以上の巨大企業に成長したのです。

世の中の基準や常識は、つねに変化しています。ですから基準や常識にとらわれず、それらを疑うところに、新たなビジネスチャンスが隠されているのではないでしょうか。

148

「思い切ってやれ」というソニー創業者の言葉

ソニーの創業者である盛田昭夫氏は、トランジスタラジオやウォークマンを世に送り出し、日本を技術先進国として位置づけた立て役者です。もともと技術者から出発した盛田氏ですが、そのバイタリティを生かして営業の第一線で活躍。「世界を駆ける営業マン」や「財界の外務大臣」といった異名を得て、世界を舞台に大活躍しました。

とにかくアイデアマンで、思い立ったことはすぐ行動に移すというその生き方は、ソニーという企業のポリシーとも重なって、テクノロジー王国の名をほしいままにしました。

元気の出る名言をたくさん残していますが、いかにも盛田氏らしいのが、「自分の正しいと思うことはどんどんやりなさい。たとえ失敗しても、必ずそこから何かを学べるはずだ」「金も設備も機械もなくても、頭があるじゃないか。頭を使えばいい」という言葉です。

企業のトップに「失敗してもいいからやりなさい」と言われたら、元気も勇気も湧いてくるのが当然です。きっと、「思い切って全力で仕事にぶつかろう！」という気持になるでしょう。

失敗の言い訳をせず、ビジョンを持ちましょう

「いつも失敗の口実を探す。これが日産の一番の敵だ」

これは、日産が2兆円もの借金を抱えた時代に社長に就任したカルロス・ゴーン氏の言葉です。

ゴーン氏が日産を立て直すためになにより必要だと考えたのが、社内の意識改革でした。それというのも、ゴーン氏に対してスタッフたちは業績不振の理由を説明するばかりで、立て直しの展望を語る人が誰一人いなかったからです。

これこそ、日産を陥れる最大の敵だとゴーン氏は直感したのでした。

そして、社内の意識をただすとともに徹底したコストカットをすることで、就任からわずか4年で借金を全額返済し、15パーセント以下にまで落ち込んでいた日産の国内シェアを約20パーセントまで回復させることに成功しました。

失敗の原因を究明するのは大切ですが、言い訳ばかりしていては前に進めません。失敗に対する自分の責任から目を逸《そ》らさずに向き合うこと。それができたなら、失敗からも多くのことを学べるのではないでしょうか。

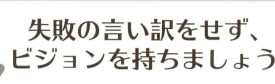

150

夢や使命感を忘れないように

ジェリー・ヤンを知っていますか。「Ｙａｈｏｏ！」の開発者で最高経営責任者です。

台湾の台北で生まれて、10歳で家族とアメリカへ渡りました。当時は「ｓｈｏｅ（靴）」というたった一つの英単語しか知らなかったそうです。

しかし、スタンフォード大学へ入学すると優秀な成績で卒業し、やがてインターネット情報の提供を始めました。そのウェブサイトを「Ｙａｈｏｏ！」と改称し、事業化したのです。

「どう利益を得ればいいのか、はっきりわかっていませんでしたが、これに賭けてみようと思った」

当時、インターネットがビジネスにつながると考える人はほとんどいなかったのですから、ヤンの発言は、もっともだったといえます。

しかし、行動の理由は「利益を得られるかどうか」だけではないでしょう。利益だけを求めて失敗するケースは少なくありません。

大切なのは夢や使命感です。夢や使命感が行動の理由なら、厳しい状況でも頑張ることができるはずです。

151

仕事に満足はありません

イングヴァル・カンプラードは、日本でも人気の高いＩＫＥＡの創業者です。スウェーデン南部の生まれで、幼いころから働くのが好きだったそうです。

ストックホルムで大量に仕入れたマッチを自転車に乗って売りさばいていました。その後、魚、クリスマスツリーの装飾品、鉛筆などを扱うようになりました。

17歳のときに父親にこづかいをもらい、それをもとにＩＫＥＡを設立。家の近くの家具メーカーと契約して激安で販売を始めると爆発的に売れて、ＩＫＥＡは販売商品を小物から家具へとシフトしていきました。そして現在では、世界でも有数の資産家となったのです。

「私は決して仕事に満足することはない」とカンプラードは語ります。

会社や組織が安定すると現状に満足し、怠惰になる人がいます。でも、周囲の人たちは汗水垂らして働いているのです。彼らは怠惰な人を見て、どう思うでしょうか。

働くことを忘れれば、組織全体の士気が落ちます。そうなれば、経営や組織の結束が悪化するのは時間の問題といえるでしょう。

152

難しい言葉を使いすぎない

報告書や企画書、稟議書など、私たちは仕事で多くの文書に囲まれています。そして、自分自身がそれを書くときに、なんとなくかっこつけて、あえて難しい言葉を使ってはいないでしょうか。また、難しい言葉を使うことが、仕事ができることと勘違いしていないでしょうか。

自分も含め、そうした傾向はあると思います。

しかし、あらためて考えると、文書のほとんどは誰かに何かを伝えるために書くものです。つまり、もっとも大事なのは、きちんと内容が伝わること。あえて難しい表現にする必要もありませんし、まわりくどい言い方は誤解を招く原因になってしまいます。経営者ではありませんが、作家の井上ひさし氏がこんな名言を残しています。

「むずかしいことをやさしく、やさしいことをふかく、ふかいことをおもしろく」

とても興味深いと思いませんか。また、ある本で「中学生でもわかるように書くと、相手に伝わる」と読んだことがあります。

難しい表現を探すより、まず相手に伝わる言いまわしを使うと、よりいっそうわかりやすい文章が書けるようになるかもしれませんね。

7章

アスリートに学ぶ、いい話のネタ

サッカー、テニス、野球、レスリング、水泳、卓球……。

さまざまなスポーツの第一線で活躍するアスリートたち。世間にその名を知られるまでになるには、私たち一般人には想像もつかないような、厳しい日々があったでしょう。

気の遠くなるような練習を重ね、苦難や悩みを乗り越えてきたからこそ重みを持つ彼らの言葉。そこからは、学ぶべきものがたくさんあります。

一見、別世界に見えるスポーツ界とビジネス界。しかし、意外な共通点があるのです。

153

つねに前に進むために必要なことは何か

イチローといえば、野球界を代表する外野手。いまや日本人という枠を超えて、大リーグをけん引するトッププレーヤーの一人です。

日本ではドラフト4位でオリックスに入団し、仰木彬《あきら》監督のもとで一軍に昇格した後はレギュラーに定着して、一シーズン目でいきなり２１０安打を記録。１９９４年からは3年連続ＭＶＰを受賞するなど、輝かしい活躍を見せました。

そして、２００１年にはシアトル・マリナーズに入団。夢に見た大リーガーになってからは、チームのリーグ優勝を支え、新人王をはじめゴールドグラブ賞やア・リーグのＭＶＰなどのタイトルを次々と獲得しているのはご存じのとおりです。

まさに完璧な野球人生を歩んでいるイチローですが、高校時代には野球をやめようと思ったことが何度かあったとか。そのとき、父親に「大切なのは、今自分がやっていることが好きであるかどうかだ」と言われ、その言葉を深く心に刻んだといいます。

「自分がやっていることが好きなら自分を磨くし、つねに前に進むことができる」

この単純明快な考え方は、あらゆる人のモチベーションを高めてくれるでしょう。

154

全力を尽くしたら後悔する必要はない

イチローは、連続試合安打が途切れたときのインタビューで「僕はいつも一生懸命プレーしようとしているけど、今日は結果が出ませんでした。でも、そのことを悔やんでもいないし、恥ずかしいとも思っていません。なぜなら、全力を尽くしたからです」と言っています。さすが世界のイチローは、言うことが違うと感動しました。

しかし、こうした思考は、会社員である私たちにも大切です。

みなさんは、いつまでも失敗を引きずっていませんか。結果にばかりこだわると、自分の行動とは別のところで、喜んだり、悔しがったりしなくてはなりません。

たとえば、全力を出して企画書を作ったのに会議で通らなかったとします。結果だけを見れば、企画書はまったく無駄になってしまったわけです。悔しい気持ちは当然ですが、今できるかぎりのことはしたのですから、自分を責めても仕方ありません。その結果を次の機会への、乗り越えるべき通過点と考えて、さらなる努力を重ねるしかないのです。

イチローのように目の前のことに全力を尽くし、結果に一喜一憂しなければ、必ず未来が拓けます。みなさんの辞書からも、「後悔」の二文字は消してしまいましょう。

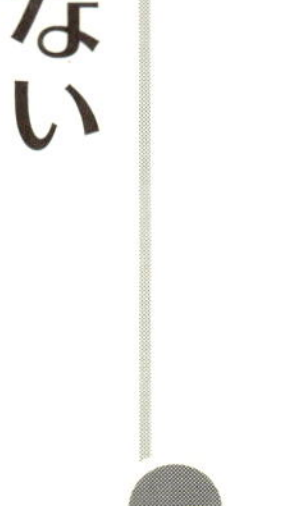

155

大谷選手が今も忘れない監督との約束

大谷翔平選手といえば、投手と野手を兼任する二刀流プレーヤーです。意外なことに、大谷選手は野球を始めた小学校時代から、優勝の二文字とはずっと無縁でした。そのため、プロの舞台で「人生初優勝」をなし遂げることが悲願になっていました。

開幕投手で幕を開けたプロ4年目の春、栗山監督に呼ばれた大谷は「何でもいいから俺に手紙を書くように」と命じられたのです。そこで、迷うことなく書いたのが「今年、日本一になります」の文字。チームを背負って立つ覚悟で書いたこの言葉を見て、栗山監督は「俺に約束する必要はない。自分に約束しなさい」と一言。

監督に勝利を誓ったこの瞬間を、大谷選手は「生涯忘れることはないだろう」と、今も心に刻んでいるそうです。そして念願かない、チームを日本一に導いた大谷選手は、「監督との約束が果たせたことがうれしい」と声を震わせました。

「勝ちたい」から「チームを勝たせたい」へ。夢をかなえた大谷選手の成長は、その言葉にもはっきり表れていました。私たちも、チームの中で生かせる成長力を日々培っていきたいものです。

156

鈴木誠也選手は落ちこぼれだった

２０１６年に25年ぶりのセ・リーグ優勝を果たしてファンを熱狂させた広島東洋カープ。なかでも、とくに活躍が目立ったのが鈴木誠也《せいや》選手でした。

鈴木選手は走攻守三拍子揃った選手として注目され、ゴールデングラブ賞やベストナインにも選ばれて、一躍、日本を代表する外野手の仲間入りを果たしました。

野球界を代表する大スターになった鈴木選手ですが、子どものころからスポーツは万能で、ずば抜けた才能を発揮したものの、勉強は大の不得意。父親は小学校のときから「勉強するなら走ってこい！」が口グセで、「おまえは野球で食べていくんだ」と教え込んでいたというのですから、それも仕方がないかもしれません。

「勉強はしなくても、あいさつと笑顔だけは忘れるな」と教えられた鈴木選手は、２０１２年に広島に入団。４年後にはリーグ優勝の立て役者として全国にその名を知られるようになったのですから、親子の夢はようやく実ったといえるでしょう。

たとえ勉強では落ちこぼれと思われようと、信念を持って自分の道を歩み続けた鈴木選手の生き方には、私たちが学ぶべき点もいろいろありそうです。

157

マーくんは英語が苦手なのか

大リーガーとして第一線で活躍する田中将大《まさひろ》投手ですが、アメリカでの生活が始まった当初、記者団から「田中選手は英語があまり得意ではないそうですが、それはハンディにはなりませんか？」という、ちょっと意地悪な質問が投げかけられたことがありました。

ところが、この質問にひるむどころか、田中選手は「いいえ。言葉がわからないほうがかえって野球に集中できるので大丈夫です」ときっぱり。その堂々とした態度で大物ぶりを見せつけて、「さすがマー君」とファンをうならせたものでした。

できないことをマイナスとしてとらえるのではなく、できるだけポジティブに受けとめて前進する田中選手の姿勢は、私たちのお手本にもなることでしょう。

ただ、その後も「マー君は英語が苦手」という印象を持ち続けている方が多いようですが、今では周囲も驚くほどヒアリング能力がアップして、チームメートとのコミュニケーションも上々だとか。最近ではスペイン語も習得中ということで、すっかり国際派になったマー君には見習うべき点がたくさんありそうです。

158

「カッコ悪くても勝つこと」が錦織圭選手のモットー

次々と輝かしい記録を打ち立てているプロテニス界の錦織圭選手ですが、心身ともにたくましいテニスプレーヤーになるまでには、幾多の荒波を乗り越えてきています。

全国のトップ選手がそろう全国選抜ジュニアテニス選手権大会で優勝を果たした錦織の試合を見て、圧倒的な才能に目を奪われたのが、あの松岡修造さんです。松岡さんは「修造チャレンジトップジュニアキャンプ」に招待して、徹底的に鍛え上げました。

なにより松岡さんが心配したのが、錦織のメンタル面での弱さ。そこで、強さの裏側にある心のもろさを克服するため、「カッコ悪くても、勝つことが一番大事」という絶対的な信念を錦織の心に植えつけたのです。

それから15年。テニス界のスーパースターになった錦織選手ですが、小学校時代に学んだテニスの基礎は、今も自分を支える大事なバックボーンになっているといいます。

「人間の本当の強さは何度転んでも起き上がれること。どんな状況になっても、人は必ずそこから立ち上がれることができる」。こんな言葉をずっと部屋の壁に貼り続けている錦織選手。私たちも初心を忘れることのないよう、いつも気を引き締めていきましょう。

159

「真面目であることがプロの素質」と言う本田選手

以前テレビで放送されたドキュメンタリー番組の中で、サッカーの本田圭佑選手が語った言葉が「勇気の湧く一言」として今も語り継がれていると紹介されていました。調べてみると、本田選手は名言を量産していて、「なるほど」と思わせるフレーズがたくさんあるのですが、なかでも彼の真摯《しんし》な考え方が表れた一節は深く心に沁みます。

たとえば、番組の最後で本田選手の語った「プロフェッショナルとは」です。

「自分の仕事に対してつねに真摯であること。つまり、一生懸命に取り組むこと、とことん真面目であること。それが僕にとってのプロフェッショナルです。僕は、真面目であるというだけで、充分にプロフェッショナルだと思います」と、平凡ながらも懸命に暮らしている私たちには、まさに勇気をもらえる一言でした。

金髪に派手な服装で、いかにもチャラついた印象のぬぐえない本田選手ですが、その本質は真面目そのもの。

右半月板損傷などの大ケガに見舞われても「これを進化のきっかけにしてみせる」と言い切った、その強い信念には頭が下がります。

160

人間として器の大きさを見せつけたキングカズ

三浦知良さんといえば、現役で走り続ける日本最年長のサッカー選手です。

今なお「キングカズ」の名に恥じない試合を見せてくれる彼の存在は、昔からの中年ファンにとって、まさにスターそのものなのでしょう。

それでも50歳を目前にした彼に対して「もう引退しては？」と勧める解説者もいて、それを聞いたファンの中には激しい憤《いきどお》りを感じる人もたくさんいました。

ところがこのとき、カズはこう答えたのです。

「もっと活躍しろと言われているのだと思います。言ってくださった方は、僕が少年時代にあこがれたスポーツ選手です。そのあこがれの人に言われるのは光栄なことです。これを激励だと思い、これからも頑張ります」

一切相手を非難せず、現役続行への意志を強く表すこの言葉には、プロとしてのプライドと相手への敬意が感じられて、「さすがキングカズ」と賞賛する声が続々と寄せられました。普段はサッカーにあまり関心のない人までが「カズさんの対応は大人」「心から尊敬しました」と絶賛。あらためてカズの懐の深さに学びたいですね。

161

自分の弱さを認めることから始まった長友選手の挑戦

「僕のアモーレです」と、ユーモアたっぷりに恋人を紹介して話題をさらった長友佑都《ゆうと》選手は、インテル・ミラノで活躍するサッカー界のトップランナー。

世界の第一線で戦う長友選手の評判はどこでも上々なのですが、実は中学時代は自分の実力を鼻にかけて、ロクに守備もしない「俺さま」プレーヤーだったとか。

ところが、サッカーの名門校へ進学してからは「俺はなんて未熟なんだ。このままでは一流になれない」と悟って、黙々と自主トレを開始。体幹を強化して肉体を鍛え上げ、世界で通用する技術と体、そしてメンタルを作り上げたのでした。

その甲斐あって、今では名門インテル・ミラノの主要選手として押しも押されもせぬ地位を築いた長友選手ですが、「自分の弱さを認めることは、強くなるため、成長するために欠かせない」と繰り返します。大学時代は卒業後の就職まで考えたという長友選手。しかし夢を諦めず、世界一のクラブでレギュラーをつかんだのも、中学の「俺さま」時代を経験したからかもしれません。自分自身の弱さを知ることは、新たな強さを生む大きな起爆剤になったのでしょう。私たちもこの考え方をビジネスに生かしたいですね。

162

今を精一杯生きていますか

プロテニスプレーヤーの伊達公子《きみこ》選手は、１９９５年の全仏オープンで準決勝に進出し、世界ランキング４位を記録しました。１９９６年のウィンブルドンでは、準決勝で女王のシュテフィ・グラフと対戦。敗れたものの、この試合はウィンブルドン屈指の好試合と言われました。

しかし、同年に伊達は電撃引退。そして２００８年に、実に12年ぶりに現役復帰。復帰初戦のカンガルーカップ国際女子オープンで、シングルス準優勝、ダブルス優勝を果たしました。

復帰後の伊達は当然のことにシードは認められず、予選会からの挑戦でした。世界ランキング４位を記録した選手ですから屈辱的な扱いです。でも、伊達は黙々と試合をこなして決勝戦にまで到達したのです。

「私は過去を振り返らない。今のことだけを考えている」とは伊達の言葉。

反対に、過去にとらわれ、現状に満足できない人がいます。しかし、それでは事態は変わりません。過去を振り返らず、今を精一杯生きるべきではないでしょうか。

163

自分のペースで一歩ずつ進む、高橋尚子の走り方

Qちゃんの愛称で親しまれていたマラソンの高橋尚子《なおこ》選手は、ご存知のようにシドニー・オリンピックの金メダリスト。女子マラソンの元世界記録保持者であり、女子スポーツ界で初の国民栄誉賞を受賞した、時代の寵児《ちょうじ》でした。

シドニー・オリンピックの後は、彼女の金メダル効果で日本のランナー人口がそれまでより約２００万人も増えたといわれており、その影響力の大きさがわかります。

そんな高橋尚子選手が高校時代の恩師から教えられ、座右の銘にしていたのが「何も咲かない寒い日は、下へ下へと根をのばせ。やがて大きな花が咲く」という一文。

毎日何十キロも走り続ける地味で苦しい練習をひたすら続けて、いつかメダルという大輪の花を咲かせようというマラソンランナーの思いを表したこのフレーズに共感して、高橋選手もよくこの言葉を引用していたと言います。

また、後輩にはいつも「長い階段を一気に上がると途中でへばるけど、一段ずつ確実に上がれば、時間はかかっても頂上まで上がることができる」と教えていたとか。

「マイペースで一歩ずつ」、この言葉は私たちの足元も照らしてくれます。

164

才能が開花するまで粘り強く耐えた人

早咲きといわれて、若いうちから目立つ活躍をする人もいれば、大器晩成といわれて、成功するまでに時間のかかる人もいます。スポーツ界では、マラソンの高橋尚子選手が大器晩成タイプでした。中学、高校と陸上部に所属していましたが目立った成績はあげられず、大学に進んでからは一般の教師をめざしていたと言います。

ところが、徐々に大会で好成績をあげられるようになると、本気でマラソン選手に挑戦したいという気持ちが強まり、同時に「小出《こいで》義雄監督に師事したい」という強い思いがわきあがるようになりました。「指導してほしい」と直訴した高橋に対して、「この子の才能は本物だ」と感じた小出監督は全力でサポートしました。

国内最強のマラソンランナーに成長した高橋は、シドニー・オリンピックでみごとに優勝して、小出監督の貢献に報いました。

結果が出ないとすぐに諦めてしまう人がいますが、高橋選手の才能が開花したのは20代後半になってから。数回の失敗で諦めず、もうひと頑張りしてみれば、今までにない底力が出てくるかもしれません。諦めるのは、それからでも遅くないでしょう。

165

銀メダルを見えるところに置いていた浅田真央

浅田真央といえば、フィギュアスケート界で一世を風靡《ふうび》した大スター。日本を代表する選手としての活躍は、今も私たちの目に焼きついています。

スポーツ番組やＣＭで見る彼女の愛らしい表情からは、競技に対する厳しい姿勢はうかがえませんが、実際には限界まで自分を追い込むストイックな練習で、幼いころから「練習の鬼」と呼ばれていたそうです。

ジュニア時代から輝かしい成績をあげ、順風満帆な競技生活を送ってきた浅田選手でしたが、２０１０年のバンクーバー五輪では優勝台に立てず、銀メダルに甘んじました。

しかし大会後、日本で開かれた五輪報告会では「悔しさを忘れないように、銀メダルは見えるところに置いておきます」と強い口調で発言。真央ちゃんスマイルの裏にある強烈な闘争心こそ、彼女の強さの秘密だということがわかります。

人は、自分の悪い記録や結果には目をそむけたくなるものですが、あえて向き合ってきた浅田真央選手。私たちも、仕事で結果を残せなかったときほど、その現実にしっかり目を向け、次の一歩に生かしていきたいですね。

166

「避難所で心から滑りたいと思った」という羽生結弦選手

あどけない笑顔と正確無比なスケーティング、繊細で柔らかな表現力と、勝者としての条件をすべて兼ね備えた羽生結弦《ゆづる》選手は、スケート界の絶対王者です。

羽生選手の出身は仙台で、彼の故郷に対する思い入れにはひときわ強いものがあります。なぜなら、彼も東日本大震災に遇い、そこから必死で這い上がった被災者の一人だから。

あの日、仙台のスケートリンクで練習中だった羽生選手は大地震に見舞われ、天井からガラスの降るなかを必死で逃げたそうですが、結局、自宅は全壊。しばらくは避難所暮らしを余儀なくされたと言います。体を動かすのさえままならない避難所で、羽生選手は「心の底から滑りたい」と思ったそうです。そして、「たくさんの人に助けていただいたから、僕はみなさんのために何でもしたい。ただし、僕ができることはスケートだけですが」という言葉どおり、スケートで見事に恩返しをしました。

私たちも、社会人として独り立ちするまでには多くの人の助けを受けています。仕事で受けた恩は仕事で返す。羽生選手のまっすぐな思いは、私たちに大切なことを教えてくれます。

167

内村航平選手の「美しい体操」が感動を生む

２０１６年のリオ・オリンピック、男子体操チームを率いるキャプテンの内村航平選手がめざすのは、団体戦での優勝でした。内村選手は「日本中の皆様の期待を力にかえて、団体金メダルをめざして頑張っていきたいです」と、力強くその決意を表しました。キャプテンでエースの内村にとって「団体の金メダル」には特別な思いがあったのです。内村選手が高校１年生のとき、日本男子体操はアテネ・オリンピックで団体優勝を達成。深く感動した内村選手は体操界のトップをめざし始めたのです。その後、何度も個人総合で優勝したものの、唯一手にしたことのないのがオリンピック団体での金メダルでした。

「これだけいい演技で一番良い色のメダルが取れた。一番幸せもんだと思います」

こう言って、満面の笑みを浮かべた内村選手には割れんばかりの拍手が贈られました。

リーダーの熱意はなによりも、チームメイトの心を動かします。リーダーは部下たちの何倍も頑張らねばならぬ厳しい立場です。だからこそ、みんなで栄光をつかめたとき、言葉に尽くせぬほどの感動があるのだと思います。

私たちもそんな体験ができるよう、内村選手の姿に大いに学びたいですね。

168

「実現する夢しか口にしない」それが福原愛の流儀

素敵な旦那様と結婚して初々しい新妻ぶりを見せてくれるのが、卓球の福原愛選手です。愛ちゃんといえば、今でも泣きながらラケットを振る子ども時代の姿が思い出されて、可愛い泣き虫愛ちゃんのイメージを持ち続けている方も多いことでしょう。

しかし、真面目で素直な一面は昔のままでも、精神的にはひとまわり大きく成長した愛ちゃんは、いまや日本卓球界をけん引する力強いリーダー役になっているのです。

3歳から小さな手にラケットを握りしめ、目覚ましい活躍をしてきた福原選手にとって、卓球こそが自らの夢を実現する舞台なのです。

大学に入学したばかりのころに受けたインタビューでは「実現する夢しか言わないんですよ。夢はかなえるものだから」と、真剣なまなざしで答えています。そして、「私は精神的にはあまり強くはないんです。でも自分の弱さを認めて、そこからどうするかを考えるようになりました」と、自分の弱点を克服する術もしっかりとマスター。

リオ五輪では念願の銅メダルを手に晴れやかな笑顔を見せた愛ちゃんのように、私たちも自らの弱さを自覚するところから、その上の強さをめざしたいものです。

169

いいイメージ作りで自分を強くした北島康介選手

「チョー気持ちいい〜！」や「何も言えねぇ！」など、強烈なインパクトの語録を持つ北島康介は、アテネ・オリンピックと北京オリンピックで金メダルを獲得したトップアスリート。その力強い泳法と強気な発言から、「きっとこの人は天才なんだ」と思った人も多いのではないでしょうか。

ところが、5歳から水泳を始めた理由が「体が弱かったから」で、「小さいころはあまり前に出るタイプではなく、地味でおとなしい性格だった」と聞けば意外な感じがします。

そんな北島が無敵の強さを身につけるようになったのは、ひたすらイメージトレーニングで勝利した自分を思い描き、それを脳裏に焼きつけたからだとか。「普段から、自分がガッツポーズして喜んでいる姿とかをイメージしている」。そう明かした北島のイメージ作りは見事に実を結びましたが、これは私たちも真似る価値が充分にあります。

たとえば、大切なプレゼンを控えたとき、「失敗したらどうしよう」と不安になるのではなく、堂々と話す自分をイメージするといいかもしれません。とくに寝る前のトレーニングが効果的だといいますから、ぜひ試してみたいものです。

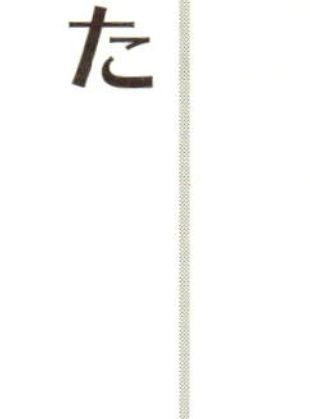

170

トラブルとは正面から向き合う

ソウル・オリンピックの１００メートル背泳ぎ決勝のとき、なんと30メートルも「バサロ」で泳いで金メダルを獲得した人がいます。それが、スポーツ庁初代長官の鈴木大地氏です。

当時、日本の競泳界はオリンピックの三大会連続で金メダルを逃していました。でも、彼には「バサロ泳法を使えば勝てる」という思いがありました。

バサロ泳法とは、水中にもぐったままで進む泳ぎ方です。レース後半に悪影響が出るという厳しい意見もありました。また、彼は腰痛に苦しめられ、水泳をやめようと思ったこともあったそうです。

トラブルに遭遇すると、人は逃げ出したくなるものです。

「目の前にやってきた災難をつらいからといって逃げても、いつまでも自分を追いかけてくる。それを乗り越えたときに人間は体も心も強くなれる」

鈴木大地氏のこの言葉のように、トラブルとは必ず正面から向き合い、解決しなければならないものなのです。

171

「気づかいの人」と呼ばれる吉田沙保里選手の人間性とは

四連覇を賭けたリオ・オリンピックで金メダルを逃し、「ごめんなさい」と涙で悔しさをにじませたのが吉田沙保里選手。言うまでもなく、日本レスリング界の至宝です。「充分頑張ったのだから謝ることはない」と、全国から励ましの声が届けられ、閉幕式では「30年間やってきたレスリングをすべて出し切ることができた。負ける悔しさも経験でき、貴重なオリンピックになった」とコメントして、王者の風格を再認識させました。

実はオリンピックにはジンクスがあって、その一つが大会の主将を務めた選手は金メダルを取れないというもの。しかし、吉田選手はこのジンクスにも臆することなく、リオ・オリンピックの主将を引き受け、重責を果たしたのですから大した精神力です。

豪快な印象とは違って、周囲に「気づかいの人」と評されるほど神経の細やかな吉田選手。選手が緊張しないようにと、選手村で選手とコーチが一緒に食事できるように取りはからったのも彼女だといいます。リオ五輪のレスリングで女子が四個の金メダルを獲得したのも「吉田選手がいたからこそ!」。そんな声を呼ぶ吉田選手の思いやりと気配りは、模範的なリーダーの姿といえます。

172

伊調馨選手が考える「学んだものを伝える義務がある」

アテネ・オリンピックからリオ・オリンピックまで連続して金メダルを獲得し、日本人女子選手初のオリンピック四連覇を達成したのが伊調馨選手です。国民栄誉賞も受賞しています。

「気持ちで勝てた金メダルです。たくさんの人の気持ちが入った、自分一人ではとれなかった重いメダルです。これまでで一番うれしい金メダル」

リオで、そう語った伊調選手が、２０１４年に亡くなった母トシさんの遺影を抱いて涙ぐむ姿が印象的でした。

レスリングの技術には一切口を出さず、試合になるといつも「絶対勝ってこい」と送り出してくれた天国のお母さんに、四連覇の金メダルを捧げたという伊調選手。「最後はお母さんが助けてくれた」と話す女王の目には、涙が光っていました。

部下を持つと、育てるつもりでつい手を出し、口を出してしまいがちですが、人を育てるには「信じて見守る」「ここぞというタイミングで励ます」。そうしたことが大切だと、伊調選手のお母さんの姿は教えてくれる気がします。

173

自分に勝たなければ絶対に勝利はない

柔道の山下泰裕氏はケンカが強く、ガキ大将として有名でした。「非行少年にならないように」と心配する母の提案で、町の柔道場に入門させられたのは小学校4年生のころ。立派な体格だった山下少年はすぐに頭角を現し、柔道の強豪校であった熊本市立藤園《とうえん》中学でも大活躍して、全国中学校柔道大会団体三連覇に大きく貢献しました。

中学で黒帯を取得した山下は、参加した試合で前人未踏の全試合一本勝ちを記録するなど、その強さはケタ外れで、やがて全国にその名を知られるようになります。東海大学へ進学してからは、史上最年少の19歳で全日本選手権に優勝。その後、選手権九連覇を記録するなど、「怪物山下」と呼ばれるほどの成績をあげました。

人々の記憶に強く残っているのは、オリンピックのロサンゼルス大会での戦いでしょう。二回戦でまさかの肉離れを起こして絶体絶命のピンチを迎えましたが、不屈の精神で金メダルを獲得したのはご存じのとおりです。

このように、思わぬ事故が起こったときの救いになるのは、普段の練習や努力。山下は、日頃の地道な努力こそがなによりの宝になることを、私たちに教えてくれたのです。

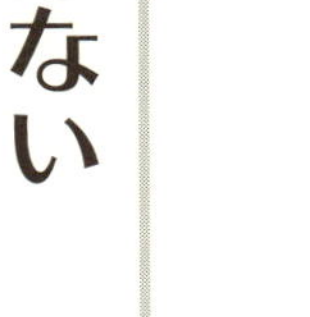

174

いつもどおりの力を出すための「五郎丸ポーズ」

野球やサッカーと違って、なかなか馴染みのないラグビーですが、2015年のワールドカップでは日本が優勝候補の南アフリカチームを破り、歴史的勝利をあげたことで一気に話題を集めました。これは海外のメディアが「史上最大の番狂わせ」と報じるほどの快挙で、まさに世界をアッと言わせる出来事だったのです。

ところで、この試合をきっかけに大きな注目を集めたのが、フルバックで大活躍した五郎丸歩選手でした。そのユニークな名前と相まって見る人の関心を惹きつけたのは、キックの前に行う、まるでお祈りのような五郎丸ポーズ。

「あれは何をしているの?」「おまじないなの?」と、質問が殺到したそうですが、本人によれば祈るようなあのポーズは、「キックの集中力を高めるための儀式（ルーティン）のようなもの」だそうです。

いざという場面で、いつもどおりの力が出せるよう、キックの前にはすべての試合であのポーズを行って、それをスタイルとして定着させたという五郎丸選手。ポーズのおかげで緊張とは無縁になったというのですから、やはり勝つための儀式は大切なのですね。

175

「勝負はきれいごとではない」と思える人の強さ

「『大切なことは勝敗ではない』、この言葉を使いたがるのは敗者だけだ」

そう語ったのは、伝説的な強さで女子テニス界を席巻したマルチナ・ナブラチロワです。チェコスロバキアのプラハで生まれた彼女は、15歳でチェコスロバキア国際テニス大会で優勝を果たしました。

そのころから抜群の強さを見せつけるのですが、自国のテニス連盟に反発してアメリカに亡命。それからは、まさに破竹の勢いで勝ち進み、テニスの女王の名を獲得しました。全盛期には世界のテニス四大大会で六連勝をなし遂げ、さらにウィンブルドン選手権でも六連覇。その圧倒的な強さで生涯グランドスラムを達成したことは、ファンの記憶に強く残っているでしょう。

「参加することに意義があるというが、ビジネスやプロスポーツの世界では負けたら失格。プロにとっては勝つことが大切なのだ。最初から勝ちを意識せず試合に参加するのでは、プロ失格だ」という彼女の言葉は、シビアなプロ根性の表れです。

つねに勝ちをめざす姿勢は、ビジネスの世界でも共通のものでしょう。

8章

ドラマとアニメに学ぶ、話の引き出し

テレビドラマを見ないという人でも、大ヒット作についてはなんとなく内容を知っているものです。そこで、朝礼で話題にするのにドラマはピッタリです。

また、アニメといえばいまや日本文化の代表選手で、クールジャパンの代名詞といっても過言ではありません。そんなアニメも人を引きつける話のタネでいっぱいです。

この章では、さまざまな年代に対応できるよう、幅広くドラマとアニメについて話のネタを用意してみました。

176

「真田丸」のヒットで再注目された三谷幸喜さん

戦国時代最後の名将といわれる真田信繁（幸村）の生き様と、戦乱の世をたくましく生き抜いた真田一族の物語「真田丸」が大河ドラマ化されて、大きな反響を呼びました。

このドラマの最大の特徴は、三谷幸喜《みたにこうき》さんによるユニークな脚本でした。手がけるにあたって三谷さんは「真田家の人たちも、敵も味方も、家康も秀吉も、みんな人間味あふれる、等身大の人物として描こうと思っています」と語っています。

大河ドラマというと、主人公の勇敢さや正義感が強調され、英雄伝のように描かれがちでしたが、三谷さんは主人公を単なるヒーローにはしませんでした。主人公の信繁以外もていねいに描き、あまり日の当たらない人物までスポットを当てました。「勝者として華々しく生涯を終えた人よりも、歴史に散っていった人にこそドラマがある」と語り、志半ばで倒れた人物も愛情深く描くように心がけたそうです。

「真田丸」にはファミリーヒストリーという側面もありますから、義理や人情、絆や約束事を語るのにも絶好の題材です。取引先とのご縁を強調するようなときに、さりげなく話題に出してみてはどうでしょうか。

177

今でも海外で絶賛される「おしん」

日本のテレビドラマ史上、一番の最高視聴率と平均視聴率を記録したのは、１９８３年から放送されたＮＨＫの連続テレビ小説「おしん」です。最高視聴率62・9パーセントという驚異的な数字は、今もテレビドラマ界の金字塔として偉業を誇っています。

「おしん」の最大の特徴は、日本以外の国々で放映されて大反響を呼んだ点で、とくに中国や台湾、香港やタイなどのアジア圏で人気が高く、「おしん」を見て、日本や日本女性に好意的な印象を抱いたという人も少なくありません。

なかでもイランの「おしん」人気はすさまじく、１９９０年代に放送されたときには90パーセントを超える最高視聴率を記録したといいます。放映後、子どもたちの識字率が低いイランの農村部に、無料で文字の読み書きを教える学校ができるなど、文化的な影響も与えるほどドラマの功績は大きかったようです。

日本はすっかり豊かになりましたが、その反面、昭和時代のような謙虚さや忍耐力は薄らいでいるように思われます。私たちも日本の良さを忘れず、ビジネスでも「和」のコミュニケーションを大切にしたいものです。

「倍返しだ！」だけじゃない「半沢直樹」の名ゼリフ

２０１３年に最大のヒットドラマとなったのが「半沢直樹」です。キャッチコピーにもなった「この借りは、倍にして返します。やられたらやり返す。倍返しで！」という決めゼリフや「部下の手柄は上司のもの、上司の失敗は部下の責任」という上司の言葉など、ゾクゾクするような言いまわしが次々に飛び出して、「倍返しだ！」は流行語になりました。

また、外からは見えない銀行の内情を暴露するような場面も多く、見る人の興味を惹きつける材料にはこと欠きませんでした。

さらに、「銀行は、晴れの日に傘を貸して、雨の日に取り上げる」など、金融の闇の部分をズバリとついた名言もあり、妙なリアリティを感じさせたものです。

「金融ドラマ」という珍しいジャンルを描いた「半沢直樹」でしたが、同じ宮仕えのサラリーマンには共感できる部分も多かったのではないでしょうか。

ただし、「倍返し」が「百倍返し」になって返ってくることもあるのですから、安易なリベンジはお勧めできません。あくまでもクールな対応が、ビジネスの鉄則です。

179

「北の国から」は今も心に残る不朽の名作

「ラ～ラ～　ラララララ～♪」と、さだまさしの主題歌で始まる「北の国から」は、ドラマ史に残る名作として今も多くの視聴者に愛されています。「北の国から」は１９８１年から始まった倉本聰脚本の連続ドラマで、北海道の富良野を舞台に、大自然の中で成長していく家族の歴史を叙情豊かに描いた作品。主人公を演じるのは田中邦衛さんで、倉本さん曰く「主人公はヒーローではなく、不器用な凡人。迷いながら子どもと向き合い、ともに成長していく様子を描きたかった」とか。

「電気がないーッ、電気がなかったら暮らせませんよ！」という純くんの叫びから始まった富良野の生活は、川から水をひき、風車をまわし、丸太や石で家を建て、すべて自分たちで作り上げたもの。そのプロセスを見てきた私たちにも愛着は尽きないのです。

富良野の風土を背景に、主人公の「自然から頂戴しろ。そして謙虚に、つつましく生きろ」という言葉は、日本人全体に投げかけられたメッセージかもしれません。ふと慢心したとき、自分を戒めるには、「北の国から」にこめられた人生に対する厳しい姿勢や、人を思いやる真摯《しんし》な気持ちを思い出してみるのもいいのではないでしょうか。

180

「じぇじぇじぇ」だけじゃない「あまちゃん」の魅力

「あまちゃん」は、2013年に放送された連続テレビ小説。「じぇじぇじぇ」という流行語を生み、最終回が近づくと「あまロス」という新語まで流行らせたこのドラマは、まさにそれまでの朝ドラとは別物でした。

それもそのはず。「あまちゃん」は、斬新な現代のシナリオを書かせたら無敵といわれる宮藤官《くどうかん》九郎《くろう》さんが脚本で、リズミカルに飛び跳ねるセリフの面白さは他に類を見ないものでした。しかも、その小気味よさとは裏腹に、ドラマでは東日本大震災の被災地としての側面も描かれ、軽さと重厚さが相まって物語に奥行きをかもし出していました。

「震災後から物語が始まっていたとしても、同じラストになったと思う。震災はとても大きなことだけど、それでも人間はたくましく生きる」と語る宮藤さん。震災の影響で店や会社が壊れたり、つぶれたりしても、やがて不死鳥のように力強く再生する人と町の底力を見るたびに、どれほど勇気づけられたことでしょう。

私たちにも「もうダメだ」と悲観的になることはあります。けれども、どんなときも「ここで本気を出さねばどうする！」と自分に喝を入れて、前へ歩き出しましょう。

181

「あまちゃん」の真のヒロインは夏ばっぱ

連続ドラマ「あまちゃん」の主人公は、アイドルをめざして奮闘する天野アキなのですが、見ていると「ひょっとすると、本当のヒロインはこの人かも」と思わせる人がいます。その人は「夏ばっぱ（夏おばあちゃん）」こと、天野夏。ヒロイン・アキのおばあちゃんです。

「海女《あま》クラブ」の会長を務める現役海女最年長の夏は64歳。海女以外にも「軽食&喫茶リアス」や「スナック梨明日《りあす》」を営むパワフルな女性で、その若さと気丈な性格には圧倒されるばかりです。

口グセは「来る者は拒まず、去る者は追わず」と、いたってマイペースで、余計な世話を焼こうとすると「お構いねぐ」と、キッパリ断られてしまいます。しかし、凛《りん》として周囲に頼らず、自分の足で歩き続ける夏さんは、高齢者の理想像でもあるのか「夏さんのようにキリリと生きたい」というファンも多いそうです。

「飛び込む前にあれこれ考えたって、どうせそのとおりにはなんねぇ。だったら何も考えずに飛び込め！」と若いアキにハッパをかける姿は、ヒロイン以上にカッコいい存在。いくつになっても仕事に懸ける夏さんのバイタリティを、私たちも見習いたいものです。

「水戸黄門」に見るマンネリの罠

「この紋所が目に入らぬか！」の名文句で、長い間、お茶の間に親しまれてきた時代劇「水戸黄門」が最終回を迎えたのは２０１１年のこと。１９６９年から始まったドラマシリーズは42年以上も続き、放送回数は１２００回を超えるケタ外れの長寿番組でした。

毎回夜８時45分を過ぎると、黄門様の「助さん、格さん、懲らしめてやりなさい！」の声を合図に立ちまわりが始まり、「静まれ、静まれぃ。この紋所が目に入らぬか！」と葵《あおい》の御紋のついた印籠《いんろう》が登場します。

「こちらにおわす御方をどなたと心得る。畏《おそ》れ多くも前《さき》の副将軍水戸光《みつ》圀《くに》公にあらせられるぞ。一同頭《ず》が高い、控えおろう」と、めでたく大団円を迎えるという筋書きでした。しかし、予定どおりに事が運ぶ安心感はあっても、毎回同じことの続く展開では、やがて「マンネリ」の烙印を押されて、視聴率も低迷します。

これと同じで、私たちも決まりきった法則で動けば楽ですが、それでは仕事のマンネリ化は避けられません。ほんの少しずつでも変化を重ね、やがてフレッシュな風を吹かせられるよう、成長への意欲を持ち続けることが大切なのです。

183

「刑事コロンボ」の使えるテクニック

「刑事コロンボ」は、ロサンゼルス市警察殺人課のコロンボ警部が主人公のテレビドラマ。ボサボサの髪にしわしわのトレンチコート、「うちのカミさんが」の口グセでお馴染みのコロンボ警部が、鋭い推理力で次々と難事件を解決していくシリーズは全世界で愛され、今も各国で再放送が続いています。

日本では、「刑事コロンボ」をモデルに三谷幸喜さんが書いた「古畑任三郎」シリーズが好評を博し、高視聴率をあげましたが、最初に殺人の事実をネタばらしするスタイルは共通していて、両者の捜査手法は非常に似ています。なかでも、両刑事がいったん会話を終えてから、さも思い出したように「すいません。もうひとつだけいいですか?」「言い忘れましたが、あれはどうなりましたか?」と、核心にふれるのはほぼ同じ。そこで慌てた犯人が、思わずボロを出してしまうことも多いのです。

この手法は仕事でも意外に使えるものです。

話が終わって帰る間際に「そうだ。見積もりはこれでよろしいですね」「予算は従来どおりでお願いします」と釘を指すのも、決定を促すひとつの手段ですから試してみてはどうでしょうか。

184

クールに見える左京さんの言葉が熱い、「相棒」の名ゼリフ

「相棒」は、2000年から放送されている連続テレビドラマシリーズです。警視庁特命係の杉下右京警部を中心に、難事件に立ち向かう警察官たちの奮闘ぶりを描くシリーズは、クールで頭脳明晰な杉下警部と「相棒」のコンビネーションが見ものになっています。

基本的に冷静沈着で、取り乱すことのない杉下さんですが、なにか彼の逆鱗《げきりん》にふれるようなことがあると、突然声が大きくなり、早口で思いのたけをまくしたてます。そして、いつも人の生死と直面しながら職責を果たしている杉下さんの言葉は、はてしなく重く、それでいて人間に対する深い愛情が感じられます。

「どんなに絶望的な状況に思われても投げ出さないことです。無様でも、惨めでも、あきらめずに、もがき続けることです。そうすれば、奇跡が起きることもあります」というセリフには、何人もの犯罪者と向き合い、その苦悩を受けとめてきた杉下さんならではのやさしさがにじみ出ています。

いつもクールな杉下さんですが、物事を大局的な位置から見られる資質は、管理職にも求められるのではないでしょうか。

185

誰もが言ってみたい「私、失敗しないので」

「ドクターX外科医　大門《だいもん》未知子」は、米倉涼子主演の医療ドラマです。ドクターXシリーズは毎回20パーセント前後の高視聴率を稼ぎ出すヒット番組として定着していますが、その人気を支えるのは主人公の小気味よいタンカの数々。

特定の病院に所属しないフリーランスの女性外科医、大門未知子が自らのスキルだけを頼りに危険な手術に挑戦するのですが、そのときの決めゼリフが「私、失敗しないので」。実際にはなにによらず、失敗しない人間などいないのですが、大門先生にこう言われると、「胸がスカッとする！」というのがほとんどの視聴者の反応です。

医師免許を必要としない雑務を拒否するときの「いたしません！」にも「かっこいい！」「自分も言ってみたい」の声が続出とのこと。日常では堂々と自己主張できる場のない日本人だからこそ、みんな、大門先生をヒーローに見立てて、自分の声を代弁してもらっているのかもしれません。

いずれにせよ、プロとしての自覚を持って仕事をするのは職業人の絶対条件。大門先生のように口には出さなくても、胸に秘めたプライドは守り続けたいものです。

186

仕事に手抜き無用の「ショムニ」メンバー

安田弘之さんのマンガをドラマ化した「ショムニ」は、総合商社「満帆商事」の庶務二課が、会社で巻き起こすドタバタをユーモラスに描いた作品です。ミニスカートの制服にハイヒールで脚立に足をかける主人公、坪井千夏の生き方がカッコいいと、多くの女性ファンを獲得したのもこの番組の特徴でした。

庶務課は、たいてい総務課の中にあり、大ざっぱにいえば、設備や備品の管理、オフィスの建物管理、会社主催のイベントの運営などを担当する部署です。このドラマでは「会社の雑用係」と位置づけられていましたが、決して社内の吹き溜まりなどではなく、会社の運営になくてはならないセクションなのです。だからこそ、千夏たちショムニのメンバーは、プライドを持って仕事をしています。

「楽しくない仕事は仕事じゃないんだよ。自分をごまかしてまで仕事してるんだったら、最後は仕事に潰されちゃうよ」という、小気味いいタンカでスカッとした人も多いはず。「どんな仕事場でも最善を尽くす!」、そんな鉄則を私たちにあらためて思い起こさせてくれる「ショムニ」は、元気の出るワークドラマの代表でしたね。

187

国民的マンガの代表は、あの家族の物語

「サザエでございま〜す」で始まる国民的アニメ「サザエさん」は開始からもう50年近くなります。もちろん、マンガとしてもアニメとしても、元祖といえる存在です。

磯野家の主婦サザエさんを中心に、中流のサラリーマン一家が繰り広げる何気ない暮らしの一ページを、クスッと笑えるエピソードにしたこのアニメには、派手なアクションやギャグもありません。

それどころか、名言や決めゼリフのひとつもなくて、平凡な展開が一番の特徴といったところなのですから、この番組を「見る清涼剤」と言った人がいるのもわかります。それでも日曜の夕方になれば、毎回自然とチャンネルを押してしまう人が多いのですから、これはもうマンネリの美学と呼べるかもしれません。

昭和時代から同じ社会背景、同じ登場人物で通してきただけに、私たちの中で共有できるものは山ほどありますから、話を切り出すには格好の題材といえます。「サザエさんにもあるように、あのころは○○でしたね」という切り口で話を始めれば、ごく自然に時代の共有感が持てるのではないでしょうか。

「ドラえもん」の作者が語る世界の未来とは

「日本人に最も親しまれたマンガは何か」という質問に対して、一番多くの票を集めたのが、「ドラえもん」でした。１９６９年の連載開始から半世紀近い年月を経ても、マンガの魅力は少しも色あせず、アニメや劇場版の映画は今も変わらぬ人気を集めています。

原作者の藤子・Ｆ・不二雄さんは１９９６年に亡くなりましたが、友情や家族の絆、平和の大切さといったテーマは、今も子どもたちに伝えられています。

「僕らはいつもお腹をすかしていた。食べ物のないつらさなんてきみたちにはわからないだろう」と、のび太の父・のび助に疎開中の苦労を語らせるのも藤子さん流。そして、「ドラマは常に対立するものの間に生まれます。なぜ対立が生じたか、どうすれば対立が解消するのか、そこに悲劇もそして喜劇も生まれてくるのです」という藤子さんの考えは、すべての出来事に通じる哲学です。

私たちが抱えるトラブルも、ほとんどは利害と意見の食い違いから生まれます。しかし、「対立には必ず解消法がある」という藤子さんの考え方こそ、次に進むためのステップになるはずです。

189

誰だって みんな「のび太」だった

「ドラえもん」でジャイアンやスネ夫がのび太をバカにするとき、よく使われるのが「のび太のくせに生意気だ！」というセリフです。

決して優等生とはいえないのび太ですが、そのドジなところや要領の悪いところも私たちと同じで、いつまでも目が離せないのでしょう。

「子どものころ、ぼくは『のび太』でした」とは、作者の藤子・F・不二雄さん自身の言葉です。

そのうえで、ドラえもんは「一つだけ教えておこう。きみはこれからも何度もつまずく。でもそのたびに立ち直る強さも持っているんだよ」「障害があったらのりこえればいい！　道を選ぶということは、必ずしも歩きやすい安全な道を選ぶってことじゃないんだぞ」と力強いエールを贈ります。

こうした激励の言葉は、迷ったときの心の栄養剤になるはずです。

無難な方法を選んで、楽な道を歩むのも決して悪くはありませんが、もっと高みをめざしてチャレンジするのも大事なこと。「最近は挑戦する気力が衰えてきたな」と感じたら、「歩きやすい道だけが道じゃない」というドラえもんの言葉を思い出してください。

190

国民的マンガ「ワンピース」は話題の宝庫

日本一の発行部数を誇る人気マンガ「ワンピース」は、国民的なアニメともいえるでしょう。なぜ、それほど多くの日本人が惹かれるのかというと、この作品が掲げている「友情」「努力」「勝利」というキーワードにあるのではないでしょうか。

主人公のルフィたちは、夢をかなえるために努力を惜しまず、友だちのために命をかけて戦い、最後には見事に勝利をおさめます。人間同士の結びつきが弱くなった時代への反動なのでしょうか、仲間を思い、決して裏切らない熱い心が私たちを感動させるのです。

「おれ達は絶対に悔いのないように生きるんだ！」という言葉や、「勝利も敗北も知って男は一人前になる。泣いたっていいんだ！　乗り越えろ！」というセリフは、見る者の心を揺さぶらずにはおきません。

「自分に負けず、不屈の精神で戦おう」と訴えかけるワンピースの教えは、人生のどんな場面でも通用する切り札のようなもの。もちろん、職場でのモチベーションを上げるのにも最適です。

職場の結束を固めたいときは、麦わら仲間のポーズを真似て、左手を上に突きあげれば、雰囲気が盛り上がることうけあいです。

191

仕事にも通じる「ワンピース」のポリシー

「ワンピース」の原作者の尾田栄一郎さんはあまりマスコミに出ませんが、さりげなく漏らしたひと言の中には「なるほど」と思わせるメッセージが秘められています。あるとき、女性ファンから「私はワンピースの大ファンですが、恋愛をメインにした話も読みたいので、ラブストーリーを描いてください」というお便りがきたそうです。

それを読んだ尾田さんは「ラブストーリーが見たいなら、少女マンガを読んでください」と答えて、「恋愛話は自分の仕事じゃないので」と言い切っています。「たまにはラブストーリーくらい描いてあげればいいのに」と思う人もいるかもしれませんが、それでは結果的にファンを失うことになるでしょう。つまり、尾田さんがめざすのは「プロフェッショナル」であって、「オールラウンダー」ではないのです。

たとえば「私は何でもやります。どんなことでもおまかせください」と言う営業マンと「私の得意分野はこちらです。この分野なら自信を持って承ります」と言う営業マンがいたら、あなたならどちらの人に信頼感を抱くでしょう。プロとしての誇りを持ちながらも、やさしさや思いやりを大切にする姿勢には、見習うべき点がありそうです。

192

天才赤塚不二夫の言う「本当のバカ」とは

「これでいいのだ〜」でお馴染みの「天才バカボン」をはじめ、「おそ松くん」「ひみつのアッコちゃん」など、ギャグマンガから少女マンガまで、多くの名作を残したのが天才・赤塚不二夫さんです。

「バカっていうのは自分がハダカになることだ。世の中の常識を無視して、純粋な自分だけのものの見方や生き方を押し通すことなんだよ。バカだからこそ語れる真実っていっぱいあるんだ」と、本音で生きる意味を語った赤塚さんは、恰好をつけた生き方は大嫌いだったようで、あえて道化を演じることも多かったといいます。

「自分が一番劣ると思っていればいいの。そしたらね、みんなの言っていることがちゃんと頭に入ってくる。自分が偉いと思っていると、他人は何も言ってくれない。そしたらダメなんだよ。てめぇが一番バカになればいいの」。赤塚さんが天才バカボンを描いたのも、こうした人生哲学があったからかもしれません。

たとえば、お客様より自分のほうが賢いと思ったり、優位に立とうとする態度が見えたら、ビジネスマンとしては失格。いつでも「自分が一番バカ」という姿勢が大事です。

才能を見抜く天才でもあった赤塚さん

赤塚不二夫さんへの弔辞で、タモリさんが「わたしもあなたの数多くの作品のひとつです」と言ったのは有名な話ですが、福岡で無名のタモリさんを発掘して東京まで連れ帰り、「こいつはすごいんだよ」とその才能にほれ込んで応援し続けた赤塚さんの目は、確かなものでした。

「小学校6年のときに手塚治虫先生の『ロスト・ワールド』に出会って、マンガ家になろうと決めて、栄養失調になってもそれを貫いてきた」という赤塚さんは、自分の才能をも見抜いて、マンガに一生をかけたのかもしれません。

そして、漫画家や編集者などたくさんの人との交流の中で赤塚さんが見つけたのは、「頭のいいヤツは、わかりやすく話す、頭の悪いヤツほど、難しく話すんだよ」という結論でした。なるほど、これはどんな社会においても通用する正論です。

よく、いかにも頭が良さそうに、難しい表現や外来語を使って話す人がいますが、そんなインテリもどきは、一番お客様に嫌われるタイプ。「腰の低い人」と言われる人ほど、わかりやすい言葉でていねいに話すものです。

194

「ちびまる子ちゃん」の生き方はとびきりポジティブ

主人公まる子の自由気ままな行動とノスタルジックな時代背景が相まって、独特の世界観を作り出しているのが、さくらももこさん原作の「ちびまる子ちゃん」です。

なによりもファンを引きつけるのは、大人顔負けのしたたかさと子どもらしい可愛さが同居したまる子のキャラクターと、彼女を取り巻く個性的な家族や友だち。とても優等生とはいえないまる子ですが、その考え方はいつも前向きで、何があってもへこたれない芯の強さがあります。

そして「私には今しかないよ。今を生きる女なんだよ」というのが、まる子のポリシー。「大切なことはぜんぶここにある。同じ日なんてない。一瞬もない。自分に起こる事をよく観察し、面白がったり考え込んだりすることこそ、人生の醍醐味だと思う！」という言葉の中に、まる子の哲学が込められています。

仕事や人間関係がうまくいかなかったりすると、すぐ明るさを失ったり落ち込んだりする私たちですが、まる子のピュアな心にふれれば、また元気になれそうな気がしてきます。ブルーな気持を抱えたときは、陽気な笑顔を真似て、にっこり微笑んでみましょう。

195

数千万人のファンを持つ「スラムダンク」は最強

「スラムダンク」は井上雄彦《たけひこ》さん原作のバスケットボールマンガで、累計単行本発行部数1億２０００万部を記録した伝説的作品です。

私たちが作品に引き込まれるのは、主人公が単なる天才プレーヤーではなく、苦しみながらも懸命に上をめざす努力家だからです。そして、こんな桜木の成長過程をいつも見守ってくれる湘北バスケ部の監督、安西先生がかけた一言は、日本のマンガ史に残るほどの大名言、「あきらめたら、そこで試合終了ですよ」。

残り時間11分、22点差で負けている状況で安西先生が発したこの言葉には、選手に対する絶対の信頼が込められていて、ファンならずとも感動してしまいます。

私たちも、「もうダメだ」「どうせ無理だ」という状況に陥ることはありますが、そこで試合終了にしないためには、強い意志が必要です。「もう無理だ」と諦めそうになったとき、結果がどうであれ、最後まで全力を尽くしましょう。

仕事で自分を奮い立たせたいときは「あきらめたら、そこで試合終了」を再生のキーワードとして、胸に刻んでおきましょう。

196

「はじめの一歩」は老若男女に愛される名作

１９８９年から掲載の「はじめの一歩」は、いまや古典的な名作です。長期間テレビで放映されたアニメで、このマンガを知った人もいるかもしれません。

貧しい母子家庭で育ったいじめられっ子の幕之内一歩は、高校時代、プロボクサーの鷹村守に助けられたのを機にボクシングジムに入門。母が経営する釣り船屋で身につけた平衡感覚と強靭《きょうじん》な体力、なにごとにもへこたれない強い心と闘志を武器に、メキメキと頭角を現すのです。

やがて日本チャンピオンにまでのぼりつめても「強さとは何か」を追い求める一歩。「地道な努力こそが最大の近道と知れ！」という鴨川ジム会長の助言や「いつだって上を向いて、前だけを見て、がんばって！」という母の激励を受けて、一歩はもう一段高みをめざすのです。

ただ、一歩がボクシングで頑張ったように、仕事も無我夢中で頑張れば成果があがるというものではありません。

問題は、良い時期ではなく、不調のときをどう乗り切るかです。スランプのときにこそ「地道な努力こそが最大の近道と知れ」という言葉が、助けになるかもしれません。

197

「新世紀エヴァンゲリオン」世代に贈る話題

日本のアニメを代表する名作「新世紀エヴァンゲリオン」。通称「エヴァ」と呼ばれるアニメ作品や劇場映画版は、日本ばかりでなく世界中で大反響を巻き起こし、日本のサブカルチャーを全世界に広めた画期的作品として、今なお根強い人気を保っています。

物語では、主人公である14歳の碇シンジたちが、それぞれの葛藤をかかえながら「使徒」と呼ばれる脅威と戦っていく様子が描かれますが、そこでかわされる会話は、ときに禅問答のようで、「エヴァ」は難解な作品だという定評もありました。

「今の自分が絶対じゃないわ。あとで間違いに気付き、後悔する。私はその繰り返しだった。ぬか喜びと自己嫌悪を重ねるだけ。でも、そのたびに前に進めた気がする」というリアルな語りかけがあるかと思えば、「奇跡を待つより捨て身の努力よ！」という決めゼリフも炸裂します。

「エヴァ」の舞台は、生死を賭けた戦いの世界かもしれませんが、ビジネスの世界も生き残りをかけた真剣勝負です。その中で自分にしかできない仕事、自分がやるべき仕事に全力で取り組み、いつでも先陣切って進むその気概だけは持っていたいものです。

198

映画にもなった「宇宙兄弟」は深いフレーズ満載

幼いころ、UFOを目撃したことを機に「一緒に宇宙飛行士になろう」と誓い合った南波六太《むった》とその弟の日々人が、さまざまな困難にぶつかりながらも夢を忘れず、宇宙飛行士にチャレンジし続けるというのが、マンガ「宇宙兄弟」のストーリーです。

2007年に発表されて以来、根強い人気を保ち続け、アニメ化や実写映画化によって、ますますファン層を広げているロングセラーです。

この話の特徴は、宇宙飛行士をめざすという突飛なテーマでありながら、細部を彩る登場人物やエピソードにリアリティがあり、ぐいぐい物語に引き込まれる点です。あるとき、「君にとって敵とは誰なんだ」と聞かれた南波六太は、「俺の敵はだいたい俺です。自分の『宇宙へ行きたい』っていう夢をさんざん邪魔して足を引っぱり続けたのは、結局、俺でした」と答えますが、これが彼のたどり着いた人生哲学でした。

大きな夢を見るのが難しい日本で、堂々と夢を語れる素晴らしさを教えてくれるこの作品。主人公の熱い心にふれることで、もう一度自分の原点を見つめ直すのもいいでしょう。「自分の敵は自分の中にある」という不変の真理は、何度でも噛みしめたいものです。

199

クレヨンしんちゃんのパパ「野原ひろし」はイクメンだった

「クレヨンしんちゃん」は、臼井儀人さん原作のファミリーギャグマンガ。主人公の幼稚園児「野原しんのすけ」と周囲の人物が巻き起こす大騒動を、笑いとともに描くテレビアニメや劇場版作品は大ヒット作となり、国民的マンガ作品のひとつに数えられています。

２００９年に原作者の臼井さんが急逝してからも放送は続き、破天荒で天真爛漫なしんのすけの活躍は、今も多くのファンに愛されています。

出版社に漫画を持ち込みながら、「しんちゃん」でやっと成功を手にした臼井さんは、苦労をともにした奥さんや子どもたちをいつも気にかけるやさしいパパだったようで、その家族に対する愛情は、父「野原ひろし」の言葉としてたくさん残されています。

「しんのすけだって、いろんな人に守られて大きくなったんだぞ。父ちゃんもな」「俺の人生はつまらなくなんかない！　家族のいる幸せをお前達に分けてやりたいぐらいさ！」と、どの言葉にも家族を思う気持が溢れています。現代は、仕事ができるだけでなく、家庭人としての資質も求められる時代。イクメンという言葉は軽すぎますが、家庭を大事にしない人は尊敬されないということは、肝に銘じておくべきでしょう。

200

隠れた名作「銀の匙」には名文句がいっぱい

「汗と涙と家畜の酪農青春グラフィティ」というキャッチコピーで人気を呼んだ「銀の匙」は、女流漫画家・荒川弘《ひろむ》さん原作の学園マンガです。荒川さん自身が北海道の農業学校出身で、作者が実際に経験したことが多く盛り込まれた内容は生活感にあふれ、アニメ化や映画化もされるほど多くの支持を得ています。

進学校での競争に負けて挫折した少年が、農業高校に進学して仲間との友情や命の大切さに目覚めていくストーリーは、若者だけでなく大人の読者層にも好評で、派手なアクションは抜きにじっくり読み込める内容になっています。とくに、三児のお母さんでもある荒川さんが、若い世代に向けて語る言葉はどれもやさしさがいっぱい。

「無理しないで休んどきな。疲れを取るのも仕事のうちだよ」

ともすれば自分の許容量を超えて仕事や用事を抱え、そのプレッシャーで心身にダメージを受ける人も多い現代。あえて自分を甘やかす必要があるときもあります。

そんなときは臆せず休む勇気も持って、自分を大事にしましょう。

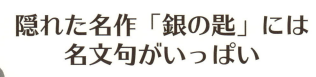

本郷陽二（ほんごう　ようじ）
東京都生まれ。早稲田大学文学部卒業。光文社カッパブックス編集部を経て、編集企画プロダクションを設立。ビジネスや歴史、言語関係など幅広い分野の著作で活躍中。
主な著書に、45万部を超えるベストセラー『頭がいい人の敬語の使い方』（日本文芸社）をはじめ、『1分で決める！ 朝礼の話材217』『どこでも使える！ 朝礼の話のタネ』『いつの間にか相手を納得させてしまう説得と交渉のテクニック』『仕事に使える！ 雑談の話材』（以上、アニモ出版）、『人を動かす「ほめ言葉」』（中央公論新社）、『大人でも間違いやすい日本語のマナー常識』（PHP研究所）、『上流の日本語』（朝日新聞出版）、『一言で印象が変わる　さすがと思われる話し方』（KKベストセラーズ）などがある。

元気《げんき》が出《で》る朝礼《ちょうれい》 話《はなし》のネタ帳《ちょう》

2017年5月10日　初版発行

著　者　本郷陽二
発行者　吉溪慎太郎
発行所　株式会社**アニモ出版**
〒162-0832 東京都新宿区岩戸町12 レベッカビル
TEL 03(5206)8505　FAX 03(6265)0130
http://www.animo-pub.co.jp/

ISBN978-4-89795-201-7
印刷：文昇堂／製本：誠製本　Printed in Japan